Manfred Mergel
Der Charme der Langsamkeit

Manfred Mergel

Der Charme der Langsamkeit

Mit der Postkutsche durch Oberschwaben

Silberburg-Verlag

Der Autor:
Manfred Mergel, 1959 in Göppingen geboren, ist evangelischer Theologe und seit 1988 im Dienst der Württembergischen Landeskirche. Zurzeit arbeitet er im Kirchenbezirk Freudenstadt (Gemeindepfarrer in Aach sowie Erwachsenenbildung im Dekanat). Ein kleiner Teil seines Dienstauftrags ist der kirchlichen Mundartarbeit gewidmet: Mergel ist leidenschaftlicher Dialektprediger, Autor, Übersetzer und Herausgeber.

1. Auflage 2016

© 2016 by Silberburg-Verlag GmbH,
Schönbuchstraße 48, D-72074 Tübingen.
Alle Rechte vorbehalten.
Umschlaggestaltung: Anette Wenzel, Tübingen.
Coverfotos: Isny Marketing GmbH – Thilo Vonderheide;
lassedesignen – fotolia.com (Hintergrundbild).
Bildnachweis: Isny Marketing GmbH – Thilo Vonderheide:
S. 5, 42, 58, 90, 93, 100. Manfred Mergel: S. 32, 53, 65, 84, 88.
Peter Sandbiller: S. 21, 32, 39, 71, 75, 78, 95, 104, 107, 117.
Druck: Grammlich, Pliezhausen.
Printed in Germany.

ISBN 978-3-8425-1467-6
Besuchen Sie uns im Internet und
entdecken Sie die Vielfalt unseres Verlagsprogramms:
www.silberburg.de

Ihre Meinung ist wichtig …

… für unsere Verlagsarbeit. Wir freuen
uns auf Kritik und Anregungen unter:

www.silberburg.de/Meinung

INHALT

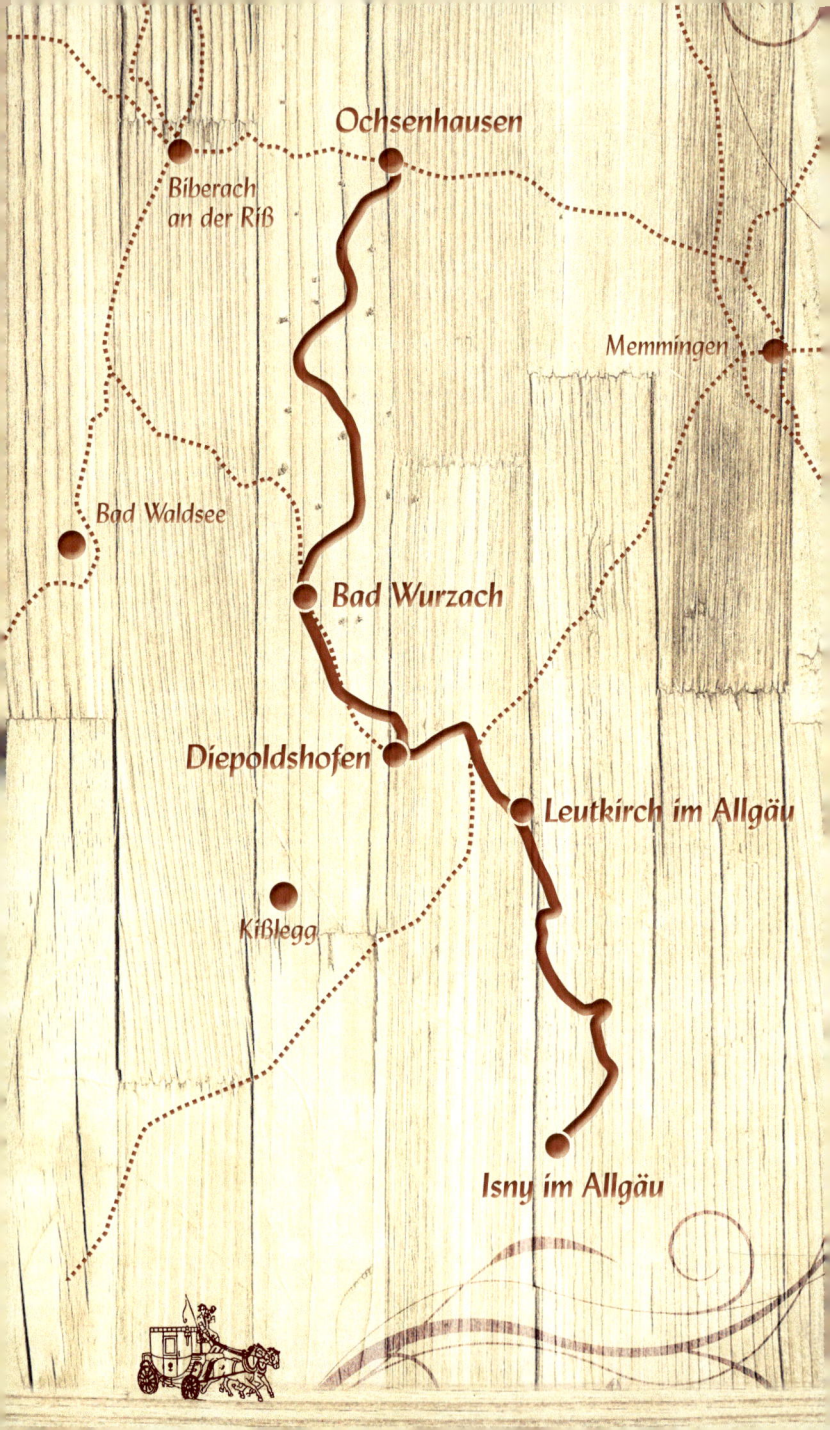

Auf nach Oberschwaben!

»Die Europäer haben die Uhr,
wir haben die Zeit.«

Afrikanisches Sprichwort

*N*un sitze ich also in der S-Bahn – endlich. Warum mache ich diese Reise, auf die ich mich monatelang gefreut habe? Weil sie mich nichts kostet? Die Antwort wäre zu einfach. Zwar bin ich durch und durch Schwabe: sparsam und darauf bedacht, unnötige Ausgaben zu vermeiden sowie stets bescheiden zu leben. Ich hab alles geschenkt bekommen zum runden Geburtstag. Doch es war mein Wunsch und meine Bitte. Statt der sonst üblichen Geschenke und Mitbringsel bat ich alle meine Gäste ausdrücklich um einen Beitrag zu dieser Reise. »I han mei Sach«, pflege ich zu sagen. Ich habe, was ich brauche. Ich bin zufrieden. Was soll ich mir wünschen? Glück, Freundschaft, Gesundheit, Glaube, Liebe, Hoffnung – all das kann sich niemand kaufen. So sind es in der Regel die Kleinigkeiten, über die ich mich freue. Denn viele Geschenke liegen später nur herum: Sachen, die ich nicht brauchen kann, die ich mir nie gewünscht habe, die mit meinen Interessen wenig zu tun haben. Manche Geschenke sind sogar ungeeignet, um sie weiterzuschenken. Da lobe ich mir ein Bierfässle, eine Wurstbüchse oder die gute alte Weinflasche. So etwas lässt sich verwerten. Das schätze ich. Essen und Trinken hält Leib und Seele zusammen. Deshalb zählt beides zu meinen Lieblingsbeschäftigungen. Brauchet Se's gsund! Ein geflügeltes Wort, wenn ich ein entsprechendes Geschenk überreicht bekomme …

Spontan denke ich daran, ob es auch genug zu essen gibt während der nächsten drei, vier Tage. Mich treibt noch immer die Bauchsorge um – auch 65 Jahre nach dem Ende des Zweiten Weltkrieges. Habe ich zu wenig Gottvertrauen? Heute auf den Tag genau vor 71 Jahren fiel der erste Schuss. Der Feldzug gegen Polen begann. Ich höre die Worte Adolf Hitlers, die ich schon so oft gehört habe: »Ab heute wird zurückgeschossen!« Mich schaudert, wie immer, wenn ich im Geiste diese Stimme, diesen Tonfall höre. Der Zug hält vor einer großen Werbewand. Kluge schwachsinnige Sprüche sind darauf zu lesen. Ist das unser gesellschaftliches Niveau – das Niveau der werberelevanten Altersgruppe der 14- bis 49-Jährigen, der ich nun glücklich entronnen bin? Gelte ich schon als unverbesserlich altmodisch? Muss *ich* mir jetzt Gedanken machen wegen meines Alters oder *die Industrie*, die von einer raffinierten Marketingstrategie lebt? Ein durchaus bewundernswertes Phänomen. Ich liebe die kernige Sprache unserer Werbung – liebe es, sie zu analysieren. Die entsprechenden Fachleute halte ich für sehr begabt: künstlerisch, ästhetisch, sprachlich. Die Senioren um mich her-

um – echte Senioren – kümmern sich nicht um flotte Werbesprüche. Ein Straßenmusiker steigt ein und fängt an, mit seiner Handharmonika während der Fahrt zu spielen. Schön, aber fremd. Unpassend zu unserer eiligen Reisekultur. Da stelle ich mir ein anderes Land, einen anderen Zug und mehr Zeit und Gemütlichkeit vor. Wie recht ich habe mit meinem Eindruck! Bereits nach drei Takten läuft er mit einem Pappbecher herum und will Geld für seine musikalische Kunst, was die Reisenden jedoch als unangebracht empfinden. Leicht beleidigt zieht er wieder ab, um vermutlich im nächsten Wagen sein Glück zu versuchen.

Gleich sind wir im Hauptbahnhof. Ich bin gespannt, was ich in der Kürze der Zeit von Stuttgart 21 mitbekomme. Vor ein paar Tagen sind unter lautstarken Protesten der Bevölkerung die ersten Bagger angerückt, um den Nordflügel des altehrwürdigen Bonatzbaus abzureißen: der nun endgültige, unzweifelhaft sichtbare Beginn eines zweifelhaften Bauprojektes. Als ich die S-Bahn verlasse, sehe ich einige junge Menschen, teilweise noch Jugendliche, die mit mir aussteigen. Sie tragen kleine, grünschwarze Plaketten mit der Aufschrift »Oben bleiben!«. Ich spreche kurz mit ihnen. Sie gehen zu einer Demonstration vor der Villa Reitzenstein. Heute vor einer Woche – in 20 Minuten auf die Stunde genau – war offenbar der erste Baggerbiss. Nie konnte ich Stuttgart 21 ernst nehmen oder ernsthaft für wahr halten, obwohl die Planungen dafür seit 15 Jahren laufen. Vielleicht gerade deshalb; weil ich dachte, es würde niemals so weit kommen: zu teuer, zu gigantisch, zu unschwäbisch wäre das Projekt. Ein menschlicher Größenwahn, der sich jetzt auch im Ländle austoben will? Ich

Auf de schwäbische Eisebahne
gibts gar viele Statione:
Stuttgart, Ulm ond Biberach,
Meckenbeuren, Durlesbach.

Auf de schwäbische Eisebahne
gibts auch Restauratione,
Wo mer essa ond trenka ka,
Alles was der Maga ma!

bekomme einen kleinen Zettel in die Hand gedrückt, der
mich aus meiner Träumerei reißt. »Aktionswoche – Stuttgart 21 stoppen!« Ich bin ganz glücklich, weil mich völlig
normale Jugendliche zu einer Kundgebung einladen – das
allerorten verbreitete Klischee von den unverbesserlichen
Berufsdemonstranten, die unrasiert und fern der Heimat
ständig irgendwo unterwegs sind, scheint also nicht zu
stimmen. Das könnten meine Kinder sein. Ich spüre förmlich in mir die Hoffnung auf eine politische Zukunft, in
der wieder Alternativen zum gängigen eindimensionalen,
gebetsmühlenartig wiederholten Fortschrittsdenken im
Schwange sind. Gleichzeitig bin ich traurig, dass ich nicht
einmal heute *Zeit* habe, obwohl ich doch Zeit *habe* …

Ich will noch eine Fahrkarte für meine Rückreise lösen;
der Einfachheit halber am Automaten, damit ich nicht
vor einem der Schalter in der Schlange stehen und warten

muss. Wer weiß, ob ich am Samstag in Ochsenhausen oder Warthausen überhaupt a Billettle kaufa kann – frei nach dem alten Volkslied »Auf dr schwäb'scha Eisabahna«? Sicher ist sicher! Doch an den Automaten herrscht ebenfalls Andrang. Weil die Dinger mal wieder nicht ordnungsgemäß funktionieren? Ein Beamter steht davor, um im Zweifelsfall zu helfen, um alles zu erklären. Moderner Service der Bahn! Ich sage ihm – bequem, wie ich bin – meinen Wunsch, und er löst mir geschwind mein Ticket. Als ich weitergehe, streifen mich seltsam süße Düfte in der großen Empfangshalle. Ein Schokoladenverkäufer lädt zum Probieren seiner Waren ein. Ich wäre nicht abgeneigt. Erst vor kurzem haben wir als Familie im Urlaub eine Schokoladenfabrik besichtigt. Aber es pressiert, ich darf meinen Zug nicht verpassen. Deshalb hab ich nicht wirklich den Kopf für diese verschiedenen Geschmacksrichtungen des Kakaoproduktes. Überall fallen mir Polizisten auf – und Leute, die anscheinend zu der Demonstration pilgern. Ich höre ein mir so vertrautes Geräusch. Die Lokomotive kuppelt ab, es zischt. Ich merke, jetzt bin ich mittendrin im Bahnhofsgeschehen. Das ist Zugfahren! Eine große Tafel fällt mir noch ins Auge, bevor ich die Halle verlasse: »S 21 – Ihre Fragen liegen uns am Herzen.« Die gehen euch doch sonst wo vorbei, denke ich spontan – euch, die ihr das Sagen und die Macht habt! Als ich am Bahnsteig ankomme, wird eben die Ankunft meines Zuges verkündet. »Bitte Vorsicht an Gleis dreizehn! Es fährt ein der Interregio-Express nach Lindau über Ulm, Biberach, Friedrichshafen.« Mit fünfminütiger Verspätung fahren wir los. Gleich nach der Abfahrt erfolgt eine Lautsprecherdurchsage: »Wegen eines Polizeieinsatzes konnte Ihr Zug erst später abfahren.« So ist das also, sage ich in Gedanken zu mir selbst. Der ist doch nur zwei Minuten vor der Abfahrt in den Bahnhof gerollt, neun Minuten früher hätte er laut Fahrplan da sein müssen! Eine bewusste Einflussnahme auf die Reisenden? Die aktuelle Politik der Bahn wegen des Konfliktes um Stuttgart 21? Falls dem so sein sollte, wäre es dezent, aber wirkungsvoll. Zwangsläufig denkt der ahnungslose Fahrgast: Aha, wegen dieser Demonstranten …

Als wir in Göppingen ankommen, meiner alten Heimat, wird mir heiß und kalt. Das ist »mein« Bahnhof. Wie lassen sich Gefühle und Erinnerungen beschreiben? Hier habe ich den halben Teil meiner Kindheit verbracht. Alles war mir vertraut: Gebäude, Schalter, Gepäck- und Güterabfertigung, Bahnsteige, Personen-, Rangier- und Güterbahnhof. Wann war ich das letzte Mal hier? Mir geht alles viel zu schnell. Ich kann mich nicht sattsehen. Warum lassen sich die Fenster nicht mehr öffnen? Schon fährt der Zug wieder an. Führe er doch langsamer, damit ich all die Bilder im Kopf rekonstruieren könnte. Denn gleich kommt mein »Geburtshaus« – wir fahren direkt daran vorbei. Zuvor noch eine kleine Moschee mit Kuppel und einem winzigen Fußballplatz dahinter, wo früher für »da Daimler« Feilen hergestellt wurden. Ein paar Jungs spielen selbstvergessen ihr Spiel. Wie sich die Bilder doch gleichen! Das heißt: nein! Unsere Spielplätze waren woanders. Jedenfalls nicht neben einer Moschee. Oft haben wir einfach auf der Straße gespielt. Als ich noch klein war, ging das. Jetzt, jetzt kommt es! Im zweiten Stock sind die Rollläden halb geschlossen – zuletzt das Wohnzimmer. Ich sehe meine Eltern, den Bruder; sehe mich als kleinen

Jungen vor der Dampflokomotive hinter dem Haus und auf dem Fußgängersteg über die Gleise; sehe nichts mehr für einen Moment, nur Rauch und Qualm. Mir fällt ein Slogan der damaligen Deutschen Bundesbahn ein – überall mit Stolz plakatiert: »Unsre Loks gewöhnen sich das Rauchen ab.« Wie oft bin ich an diesen Plakaten vorbeigepilgert in der damals modernen neuen Unterführung! Ich blieb stehen, hab die Bilder wieder und wieder betrachtet. Die alte Überführung wurde zuvor abgerissen, als die Dampfloks nicht mehr fuhren. Heute gibt es wieder eine neue Überführung. So schließt sich der Kreis. Alles fließt, wusste schon der altgriechische Philosoph Heraklit. Das einzig Beständige ist der Wandel, und doch gibt es nichts Neues unter der Sonne. Zwischen den Gleisen wachsen wieder, wie damals, Gräser und Kräuter. In den neunzehnhundertsiebziger und -achtziger Jahren fuhr immer der »Unkrautvernichtungszug«.

Wir nähern uns Geislingen an der Steige – aufgrund der topographischen Gegebenheiten bereits in etwas langsamerer Geschwindigkeit. Die Fünftälerstadt ist und bleibt eine Erinnerung an meine Jugendzeit. Drei Jahre lang ging ich dort zur Schule. Immer morgens um 7.03 Uhr mit dem Personenzug. Damals gab es verlässliche Fahrpläne oft über Jahre hinweg. Der gleiche Zug am gleichen Bahnsteig zur gleichen Minute. Ich kannte jede Kurve, die meisten Häuser entlang der Strecke, viele Gesichter fremder Mitschüler.

Jede Veränderung fiel mir sofort auf: eine Baustelle, das neue Haus am Ortsrand, ein stetig wachsendes Industriegebiet, die schöner und breiter gewordene Straße. Jetzt sticht mir der neue Geislinger Busbahnhof ins Auge. Ich suche mein altes Schulhaus, finde es aber nicht. Also stelle ich mir alles im Geiste nochmals vor: meinen kurzen Weg hinüber zur »Penne«; das Gebäude, den Pausenhof, mein Klassenzimmer. Ich denke an unsere Abiturfeier, die in meiner Erinnerung abrupt zu Ende geht, weil ein schrecklicher Unfall geschieht und plötzlich der Krankenwagen mit Blaulicht und Martinshorn heranbraust. Ich höre – zum wievielten Male eigentlich? – jenen Schlag, als ein Mädchen in den Lichtschacht stürzt. Noch immer geht mir das durch Mark und Bein. Wer weiß, ob ich deshalb jemand bin, der nicht gern überschwänglich feiert? Lieber in allem kontrolliert sich freuen: nach innen, hehlinge! Der Zug rumpelt in einem für heutige Begriffe gemächlichen Tempo die weltberühmte Geislinger Steige hinauf, vorbei am Denkmal ihres Erbauers, dessen Name und Werk längst vergessen sind, weil sie uns Nachgeborenen nichts mehr bedeuten. Ich verstehe den Wunsch unserer mobilen Gesellschaft nach einer Neubaustrecke. Natürlich, dieser Albaufstieg ist längst ein Verkehrshindernis für all jene, die täglich von Günzburg oder Ulm nach Stuttgart oder Heilbronn fahren (müssen). Ich spüre, wie unverbesserlich nostalgisch ich empfinde. Schnell, trotz allem schnell, für mich gefühlsmäßig *viel* zu schnell, lassen wir ein bedeutsames Stück Eisenbahn- und Verkehrsgeschichte hinter uns. Im Handumdrehen sind wir in Amstetten.

Auf der Albhochfläche entdecke ich die letzten abgeernteten Weizenfelder. Vereinzelt liegt noch Stroh auf den Fluren, was seltsam auf mich wirkt: vom Regen und der

Feuchtigkeit niedergedrückt; Stoppeln und leergedroschene Halme neu vereint, als ob die Zeit darübergegangen wäre und der Bauer seine Felder vergessen hätte. Oder will er demnächst alles umpflügen? Braucht er das Stroh nicht? Das Wetter wird wohl gut in den nächsten Tagen. Die Landwirte haben ihre Wiesen noch einmal gemäht – ein letzter Schnitt, das Grummet. Ich spüre Vorfreude. Eine Kutschfahrt im Regen wäre höchstens halb so schön. Doch jetzt hängen schwarzgraue Wolken schwer am Himmel. Ob die Menschen hier noch immer jenes breite Schwäbisch sprechen, das ich als Stadtkind manchmal nicht verstanden habe? Welch herrlich weite Landschaft! Ich gleite förmlich hindurch – erhöht, im Doppelstockwagen. Ein Containerbahnhof, direkt an der Autobahn: Wie viel hat sich doch verändert, seit ich nicht mehr regelmäßig Zug fahre auf dieser Strecke. Wir erreichen Ulm, den Eisenbahnknotenpunkt, werden langsamer und rollen über das Gleisvorfeld in den Hauptbahnhof – vorbei am Schuppen der Elektrolokomotiven. Dort stehen zwei lange Reihen roter Exemplare der Baureihe 151. Seltsam: Sind die schon oder werden sie ausgemustert? Nach vielleicht nur dreißig Jahren?

Ich steige aus. Am liebsten würde ich hinübergehen in die Bahnhofshalle. Ulm ist für mich mit mancherlei Erinnerungen verbunden – ein Synonym für Züge, Zugbetrieb, Dampfbahn, Bahnbetriebswerk. Im Moment freilich denke ich daran, dass es hier vor ein paar Jahren tolle Leberkäswecken gab. Ich meine, ich spüre den Geschmack wieder auf der Zunge. Warum nicht schnell einen holen – einen LKW? Doch die Zeit könnte knapp werden. Denn ich will den Lokwechsel nicht verpassen. Ein Relikt aus alter Zeit! Wo gibt es das noch? Ich schaue zu, beobachte die Szenerie. Die moderne Elektrolokomotive wird abgekuppelt und verlässt den Zug. Eine alte Diesellokomotive des Typs 218 rollt heran. Der Rangierer in seiner leuchtfarbigen Sicherheitsweste steht bereits zwischen den Puffern des ersten Waggons, die schwere Kupplung in der Hand. Zwar sieht es gefährlich aus, aber ganz langsam, vorsichtig drückt der Lokführer auf. Ein leises Klack und sofort ein eher hörbares Scheppern, als er die Kupplung des Wagens in den Haken der Lokomotive hängt. Dann dreht er ein paar Mal mit geübten Handgriffen den Bolzen der Kupplung im Kreis herum, bis die Verbindung festsitzt. Es zischt, er verbindet die Druckluftschläuche, und alsbald taucht er wieder auf aus seinem Gefängnis zwischen Gleiskörper, Lokomotive und Waggon, indem er behände auf den Bahnsteig springt. Noch eine Bremsprobe, und der Zug ist abfahrbereit. Ich steige wieder ein, nehme Platz und bin auf die Weiterreise gespannt. Etwas langsamer geht es nun voran, ich höre die Motoren dröhnen. Wir fahren ein Stück weit entlang der Donau, die viel Wasser führt. Schnell gewinnen wir an Geschwindigkeit, schneller als ich es erwartet hätte. Ich kann die Bahnhofsschilder nicht mehr lesen, so »heizt« der Zug. Ich komme mit dem Schauen nicht mehr hinterher und muss an eine alte Geschichte denken, die ich schon mehrfach gehört habe.

Eine Himalaya-Expedition war unterwegs nach Norden. Nachdem die Gruppe den ersten großen Pass überschritten und eine kurze Rast gemacht hatte, rief der Expediti-

onsleiter wieder zum Aufbruch. Dem leisteten aber die indischen Träger nicht Folge. Als ob sie nichts gehört hätten, blieben sie weiter auf ihren Plätzen hocken und schwiegen. Nachdem der Europäer in sie drang, schauten sie ihn verwundert an. Schließlich sagte einer aus der Gruppe: »Wir können nicht weitergehen, denn wir müssen warten, bis unsere Seelen nachgekommen sind.« Vielleicht ist das der tiefere Grund für meine Reise in die Vergangenheit – die Sehnsucht nach einer wohltuenden Reisekultur ohne den unmenschlichen oder unnatürlichen Geschwindigkeitsrausch unserer Tage. Diese Reisekultur erlebe ich im Grunde noch immer, wenn ich mit dem Zug unterwegs bin. Alles Neue, Moderne mag so schlecht nicht sein, wie es mir manchmal erscheint. Ich will nicht zurück in die vermeintlich gute alte Zeit. Aber ließe sich doch wenigstens im Bahnhof ein Fenster öffnen. Mir fehlen all die Gerüche, die ich mir nun denken muss, passend zu dem, was ich durch die Scheibe hindurch sehe. Freilich ein interessantes, kurzweiliges Gedankenspiel!

Der Zug ist gut besetzt, alle vier Waggons. Offenbar sind einige Jugendgruppen oder Schulklassen auf Achse. Mir fallen die verlassenen Bahnhöfe und Bahnanlagen auf. Welch ein Kontrast zur Schweiz! Dort sind die Strecken längst elektrifiziert, die Gebäude und Gleisfelder in tadellosem Zustand. Selbst in den kleinen Bahnhöfen werden Güter verladen, herrscht Betrieb, wird rangiert. Man vertritt eine alternative Verkehrspolitik sozusagen, die wir in Deutschland seit Jahrzehnten versäumt haben. Die Schiene hatte stets Vorrang vor der Straße, oder sie war zumindest gleichberechtigt. Ich frage mich, als ich an all den früheren Stationen vorbeibrause, wo früher das Leben pulsiert haben muss: Warum reißen wir nicht alles ab und verschütten die Spuren der Vergangenheit, um sie zu vergessen? Fehlt uns der Mut? Spüren wir doch tief im Inneren, dass manches Neue das Alte niemals aufwiegen kann? Ist das ein letzter Respekt vor der Leistung unserer Vorfahren, vor der Geschichte der Technik? Oder gleichen die früheren Bahnanlagen – heute würde man sagen: die einstige bahntechnische Infrastruktur – einem Mahnmal? Dem stillen Eingeständnis, eben fehlerhaft, kurzsichtig, rückschrittlich gehandelt zu haben? Wem dienen letztlich Zuglinien, die nur noch die großen Städte miteinander verbinden?

Nun wird auch der Dialekt oberschwäbisch, wir sind in Biberach. Ein supermoderner (Bus-)Bahnhof, der für mein Empfinden aber nicht wirklich mit Leben erfüllt ist. Amputierte Gleisbereiche; ein Güterkran, der still und beschaulich vor sich hin rostet; ein alter, dem Verrotten preisgegebener Güterschuppen; tote Gleisanschlüsse. Wir halten nur kurz, rasch verlassen wir den Bahnhof, die Stadt und ihren Industriegürtel. Mir fällt die Weite der Felder auf im Vergleich zum alten Württemberg. Alles sieht nass aus, zum Teil steht das Wasser auf den Wiesen. Das Stroh, das ich sehe, wächst bald ein, verwächst sich wieder mit den Wurzeln und Halmen, denen es im Frühjahr entspross. Sehr lange schon scheint es zu liegen – ein Hinweis auf anhaltend schlechtes Wetter? Jetzt scheint die Sonne und taucht die Landschaft in ein mildes, spätsommerliches Licht. Mich packt ein wunderbar heimatliches Gefühl. Die Enge meines Alltags liegt nun endgültig

hinter mir. Doch ich muss meine Emotion kurz verdrängen. Mich befremdet eine Stationstafel, vor der wir halten: Bad Schussenried. Mit Verlaub – aber das Bad will mir nicht so recht über die Lippen, obwohl es seit über vierzig Jahren amtlich ist. Mir reicht ein normales Schussenried ohne den Titel, als ob eine Kleinstadt plötzlich promoviert hätte …

Ein hochmütiger Gedanke, wie ich schnell zugeben muss! Entschuldigung, ich komme halt aus einer echten Stadt, mit Industrie schon ewig reich gesegnet, indes in Schussenried doch nur ein Moorbad ist und immer nur der Eilzug hielt. Ich tue Buße und bekenne: Meine Heimat im Filstal *war* einmal schön. War. Grimmiger schwäbischer Fleiß – übrigens eine höchst treffliche Wortwahl von Thaddäus Troll – hat alles verbaut, asphaltiert und zubetoniert. Also doch in aller Stille ein Lob des katholischen Oberlandes, wo der Mensch sich nicht nur kraft seiner Arbeit verwirklicht und damit dem kargen Dasein pflichtschuldigst einen Sinn abringt! Kurz vor Aulendorf scheint sich der Zugführer zu versprechen. »Wir wünschen allen Aus- und Umsteigern einen guten Aufenthalt«, tönt es aus dem Lautsprecher. Eine bewusste oder eher unbewusste Formulierung? Im Moment fühle ich mich als Aus- oder Umsteiger. Ich hätte es als widersinnig, als stilwidrig empfunden, mit dem Auto anzureisen. Im Bahnhof Aulendorf ist eine Frau in Schwesterntracht mit Häubchen und einer Weste der Bahnhofsmission den Reisenden beim Ein- und Ausstieg behilflich – insbesondere den älteren oder denen, die mit schwerem Gepäck unterwegs sind. Welch eine Freude, dass diese gute alte Tradition hier noch gepflegt wird, über jede Zeit und über jede Veränderung hinweg! Ich vermute, eine dieser Schwestern stand vor vierzig oder sechzig Jahren den Fahrgästen genauso hilfreich zur Seite. In der gleichen Kleidung und mit der gleichen Freundlichkeit. Bestimmt hat sie im Winter schon damals all denen, die in der Kälte gewartet und gefroren haben, einen heißen Tee gereicht. Zwei andere Schwestern steigen in den Zug am Bahnsteig gegenüber ein. Wo kommen sie plötzlich her? Ist hier die Welt noch sichtbar katholisch? Ein Gedanke, den ich rasch verwerfe. Auch in Oberschwaben sind die Uhren wohl kaum stehen geblieben.

Meine Fahrt geht weiter mit einem Personenzug, heute etwas moderner Regionalbahn genannt. Wir verlassen Aulendorf wieder. Der Zug rumpelt am alten Bahnbetriebswerk vorbei. Die Gebäude stehen noch – als Beleg dafür, dass diese kleine Stadt im Landkreis Ravensburg auch ein kleiner Eisenbahnknotenpunkt ist. Hier wurden jahrzehntelang Lokomotiven gewechselt und gewartet. Inzwischen wachsen in den alten Gleisanlagen haushohe Birken. Für mich hat das ganze Areal nicht nur einen biotopähnlichen Charakter, sondern auch den Status eines bahntechnischen Denkmals, das einfach dem Erdboden gleichzumachen oder in eine öde Industrielandschaft zu verwandeln sich unsere schnelllebige Zeit offenbar scheut. Warum? Gerade wegen ihrer Fortschrittsgläubigkeit, die ansonsten allerorten mit Händen zu greifen ist? Gibt es trotz allem einen letzten Respekt vor der Vergangenheit, vor einem scheinbar antiquierten Lebensgefühl, vor der Tatkraft und den damit verbundenen Errungen-

schaften unserer Väter, Mütter, Großväter? Deutlich langsamer als auf der Hauptstrecke geht es nun auf der Ne-
benstrecke vorwärts durch wunderschöne Mischwälder –
wenngleich nicht wirklich im Bummelzugtempo. Aber
ein kräftiger Hauch der einstigen Eisenbahnromantik ist
noch immer spürbar.

Einzelne Häuser und Gehöfte liegen direkt an der Strecke,
am Gleiskörper förmlich. Alles wirkt recht beschaulich –
die Fahrt macht mir Freude. Ich sehe mehr als vorher im
Interregio-Express. Friedlich zieht die Landschaft an mir
vorbei. Fast wie früher, als ich noch ein Kind war und die
letzten Dampfzüge fuhren; als die Menschen mehr Zeit
hatten und weniger Stress. Mir fällt ein Sinnspruch ein,
den ich einmal als Radwanderer auf einer Bank am Wegesrand entdeckt habe: Gott hat die Zeit erschaffen, von Eile
hat er nichts gewusst. Ich hoffe, ich zitiere richtig aus dem

Gedächtnis. Hinter Bad Waldsee sehe ich die erste Kuh-
herde auf einer Weide. Später passieren wir einen Bahnhof, der offenbar keinen Namen mehr trägt. Doch noch
ist sichtbar: Hier war einmal ein reger Betrieb für oberschwäbische Verhältnisse. In Alttann, wo sich vermutlich
Fuchs und Hase gute Nacht sagen, hält der Zug komi-
scherweise. Jetzt bin ich im württembergischen Allgäu.
In Wolfegg wuchern Sträucher und kleine Bäumchen auf
und neben dem Bahnsteig. Bald ist Kißlegg erreicht und
Wangen – für mich erst einmal die Endstation. Ich nehme
mein Gepäck, steige aus und schaue leicht wehmütig meinem Zug nach, der weiterfährt in Richtung Hergatz und
Lindau am Bodensee.

Wo bin ich? Ich vermisse die Hektik, die geschäftige Eile,
die mir so vertraut ist, wenn ich rund um Stuttgart unterwegs bin. Schnell aus- oder umsteigen, zielstrebig zum
Ausgang oder zum nächsten Zug! Ich könnte etwas verpassen. Wie sagte doch Gorbatschow? Wer zu spät kommt,
den bestraft das Leben! Wir Württemberger haben diese
Haltung inzwischen durch und durch verinnerlicht, nicht
nur in politischer Hinsicht – oder? Jedenfalls scheint das
die Lebensphilosophie im alten Württemberg zu sein. In
Oberschwaben herrscht eine mir offenbar fremde Menta-
lität. Ein paar der Mitreisenden verlassen gemeinsam mit
mir den Zug. Wir springen kurzerhand über das andere
Gleis. Eine Schnellzugstation? Nichts deutet mehr darauf
hin. Ich merke, wie altmodisch ich bin. Solche Züge heißen längst anders! Ihre Namen klingen schöner und besser: Interregio oder Intercity. Ich gehe weiter, durch die
frühere Schalterhalle über den kleinen Vorplatz hinüber

zum Busbahnhof. Strahlender Sonnenschein empfängt mich – welch ein wunderbarer Tag! Während der Zugfahrt habe ich mein Reisewetter nur sehr indirekt wahrgenommen. Nun stehe ich auf dem Bussteig und wärme mich in der spätsommerlichen Abendsonne. Ich habe Zeit. Das ist ein für mich meist seltenes Gut. Geradezu übermütig mache ich mir das klar: Heute hast du alle Zeit der Welt. Du musst *nichts* tun, absolut *nichts*. Du darfst einfach nur warten – ganz schlicht auf einen Bus. Allmählich sinkt die Sonne. Sie scheint mir durch die Kastanienbäume hindurch, die schon im Begriffe sind, sich herbstlich zu kleiden. Sie färbt sich leicht rötlich, was ich voller Hoffnung freudig begrüße. Rasch bitte ich den lieben Gott um Sonnenschein für die nächsten Tage. Mir fällt ein Sprichwort ein, das ich nicht leiden mag: Wenn Engel reisen …! Ich bin kein Engel. Deshalb muss ich beten – und blicke dabei hinüber zum Bahnhofsgebäude, wo das Stationsschild mir unzweifelhaft verkündet: Wangen im Allgäu.

Die Ruhe irritiert mich; die Ruhe, das beschauliche Treiben am Rande eines Städtchens, das ich mir größer und lauter vorgestellt hatte. Ich freue mich. Ich fühle mich wohl. Ich bin gespannt auf die kommende Reise, fühle mich entspannt. Ganz bewusst fahre ich mit Bus und Bahn dorthin, wo es morgen früh losgehen soll – damit ich nicht nur körperlich, sondern auch geistig und seelisch ankomme. Ich sehe manchen *Zeit*genossen vor mir, der mir gewichtig bedeutet: Wie kannst du nur? Zeit ist Geld! So bist du ewig unterwegs. Wer fährt noch mit der Bimmelbahn? Ja, ich verstehe. Das heißt im Grunde: nein! Ich verstehe das nicht. Ich möchte die Kultur des Reisens neu entdecken, den Charme der Langsamkeit. Welch armer Mensch wäre ich, wäre Zeit immer nur Geld? Meine Zeit will ich »auskaufen« (Epheser 5, 15) – wenigstens ab und zu. Ich bin so frei. Die Zeit nehme ich mir. Im Moment habe ich im Überfluss, womit ich sonst geizen muss. Reisen an sich ist wertvoll. Das macht mir Freude. Reisen ist mehr, als in möglichst kurzer Zeit an ein möglichst entferntes Ziel zu gelangen. Ich will diese Tage genießen. Ich will etwas erleben. Ich will in die Vergangenheit reisen, in *meine* Vergangenheit. Ich erinnere mich so gern an die Zeit, als ich ein halbes Kind war, ein Jugendlicher. Das *wahre* Leben war mir wohl bekannt, doch das *wirkliche* noch fremd. Meine Zeit war unbeschwert. Mitten hinein in meine fragwürdige Nostalgie platzt mir ein Gedanke, der mich selbst überrascht, den ich kaum auszusprechen wage: wie in der früheren DDR!

Mein Vergleich ist etwas unfair. Ich gestehe es. Aber als junger Kerle stand ich Ende der siebziger, Anfang der achtziger Jahre gelegentlich in Brandenburg in einer mir fremden Welt vor einem beschaulichen Bahnhof oder an einer Bushaltestelle. Das ist der Punkt, weshalb ich vergleiche: beschauliche Fremde. Daher stammt meine spontane Assoziation. Ich bin im real existierenden Sozialismus der Langsamkeit begegnet, einer Form des Menschseins, die ich zum Mindesten interessant fand. Dem politischen System konnte ich wenig abgewinnen. Teils empfand ich es als lächerlich, teils als furchtbar traurig – als unmenschlich. Der menschliche Vordergrund hat sich für mich als Fassade entpuppt, die nicht ansatzweise hält, was sie verspricht. Ein paar Jahre später fiel sie wie ein Kartenhaus

in sich zusammen. Ich hätte damals im Traum nicht daran geglaubt. Der Fall der Mauer erscheint mir heute noch als ein unbegreifliches Wunder. Kein Mensch kann sich ernsthaft sein Menschsein bewahren, wenn er gnadenlos gezwungen wird, alles Menschliche einer Ideologie zu opfern – dem Moloch einer Diktatur. Mein Warten in Wangen ist insofern das glatte Gegenteil. Ich genieße den Moment ohne jene seltsamen politischen Hintergedanken, die ich in der DDR keine Sekunde lang loswerden konnte, wahrscheinlich nicht einmal im Schlaf. Hier treffe ich keinen verdienten Helden der Arbeit, der das Streben nach Frieden und Sozialismus verkörpert. Hier finde ich nirgends eine plakative politische Parole. Hier sehe ich nicht einen einzigen Uniformierten – geschweige denn einen inoffiziellen Mitarbeiter, der im Dienste der Staatssicherheit unterwegs ist. Ich fühle mich wohl. Mir gefällt der offenbar lebensbejahende Charakter der Oberschwaben.

Am liebsten würde ich ein Bild machen, doch für einen ungeübten Fotografen ist die Szenerie denn doch zu prosaisch. So mache ich, was ich bereits ein Leben lang mache. Ich lichte alles mit meinem inneren Auge ab, um es in Erinnerung zu behalten. Mancher Augenblick lässt sich nicht festhalten. Ich muss ihn erleben – jetzt, da mich die Sonne mit ihrer abendlichen Wärme sanft verwöhnt. Mir kommt eine Romanfigur von Heinrich Böll in den Sinn – Hans Schnier. Die »Ansichten eines Clowns« haben mich fasziniert: eines der wenigen Bücher, das ich freiwillig für die Schule las. Schiller und Goethe habe ich gehasst, was mir inzwischen aufrichtig leidtut. Andere Autoren las ich nicht, weil ich faul und bequem, weil Asterix und Obelix die stets leichtere Lektüre war. Aber mit diesem »Loser« – auf Neudeutsch – konnte ich etwas anfangen. Ein kleiner Dialog am Ende des Romans hat sich mir unvergesslich eingeprägt. Frage: »Was bist du eigentlich für ein Mensch?« Antwort: »Ich bin ein Clown und sammle Augenblicke.« War ich damals schon ein Kind des Kapitalismus? Lebte ich im Glauben an ein stetiges Wachstum: immer mehr, immer schneller, immer besser? Sage niemand, es sei keine Ideologie! Ob sozialistischer oder kapitalistischer Fortschrittsgedanke – dadurch wird der Mensch in seinem innersten Wesen deformiert. Ich habe den westlichen Zeitgeist stark verinnerlicht. Darüber mache ich mir keine Illusionen. Aber ich kann nicht jeden Tag darüber nachdenken. Ich muss arbeiten und leben. Ich kann die Welt nicht einfach verändern, mich selbst dabei zugrunde richten wegen all der Zwänge, die mir gleichsam als ewig menschliches Naturgesetz vorgegeben sind. Doch widerständig, widerborstig will ich sein. Ich will mir meine Identität als freier, selbständig denkender Mensch bewahren.

Das gönn ich mir, heißt es sinngemäß in vielen Werbespots. Diese kleine Reise muss sein. Die hab ich mir verdient. Aber der Theologe in mir meldet sich zu Wort. Ist das nicht völlig falsch? Ich fürchte es. Was hätte ich denn verdient? Gute Frage, sage ich zu mir selbst, als der Bus kommt und mich aus meiner Betrachtung reißt. Ich steige ein, gemeinsam mit ein paar anderen Fahrgästen. Die Sonne ist nun kaum noch spürbar durch die mächtigen Kastanien. Ziemlich hinten nehme ich Platz samt Rucksack und Handgepäck. Wir fahren durch Wangen, verlas-

sen alsbald die Stadt. Hinter mir spricht ein Jugendlicher, aber er quatscht nur mit seinem Handy. Er telefoniert in gebrochenem Schwäbisch. Ich vermisse sie seit ein paar Stunden – die Menschen mit ihren Handys, die sie fast immer am Ohr oder in der Hand halten. Der homo sapiens unserer Zeitrechnung mutiert zum homo telefonicus. Wahres Menschsein beginnt nicht mit einer Begegnung mit der Welt der alten Griechen und dem Erlernen der griechischen Sprache, wie ein Griechischprofessor uns Studenten schmunzelnd erzählt hat, sondern mit dem Erwerb eines multifunktionalen Mobiltelefons.

Vor ein paar Jahren habe ich meiner Frau ein neues Handy gekauft. Das alte nahm ich als guter Schwabe in den Laden mit zum Beweis dafür, dass es tatsächlich alt ist und ich mich für den Kauf eines neuen nicht rechtfertigen muss. »I hätt gern a Neus. Des Alte tut's glaub nemme.« Der Verkäufer blieb ein paar Sekunden wie angewurzelt vor mir stehen. Er starrte regelrecht auf das mitgebrachte Modell, das uns so gute Dienste geleistet hatte. Ich wurde schon unsicher – von digitaler Technik verstehe ich rein gar nichts –, da lachte er plötzlich und fragte mich, ob er das Gerät behalten dürfe, es sei schon halb museumsreif, praktisch ein Vorfahre der und der Modellreihe. »Von mir aus«, hab ich gesagt, »aber bloß, wenn Se mr tapfer a Neus verkaufet!« Da wollte er ein längeres Beratungsgespräch mit mir führen. »Möchten Sie auch Bilder machen?« Ich wurde ungeduldig. »I will a Telefon on kein Foto, des han e ein – a Telefon ohne jeden Schnickschnack!« Nun begreift er und holt ein Exemplar der 08/15-Serie von einem palettengroßen Stapel. Er nennt mir den Preis, und ich bezahle. So hatte ich nach dem Studium, als ich mobil sein musste, schon mein erstes Auto gekauft – was der Verkäufer mit einem inneren Kopfschütteln, mit offenbar ungewohntem Erstaunen zur Kenntnis nahm. Einziger Unterschied freilich: Seinerzeit haben die Eltern noch bezahlt, zwangsweise. Meine Großmutter wie mein Vater pflegten lapidar zu sagen: »Wenn da kei Geld hasch, na brauchst au nix kaufa!« Diese Lektion ging mir zu Herzen.

Hier im Bus haben fast alle Jugendlichen einen Knopf im Ohr. Ein junger Mann trägt einen überdimensionalen Kopfhörer, passend zu seinem Abspielgerät. Er wirkt auf mich wie ein Altachtundsechziger. Aber dafür ist er eindeutig zu jung. Ich bin älter als er. Vielleicht kennt er diese Bewegung gar nicht mehr. Sie war noch vor meiner Zeit, ich wurde davon lediglich sanft gestreift. Bei einer meiner Cousinen – zwölf, dreizehn Jahre älter als ich – durfte ich als Jugendlicher gelegentlich erleben, wie sie eine ganze Protestgeneration leibhaftig verkörpert hat. Längst lebe ich mit den Folgen der Achtundsechzigerzeit, positiv und negativ. Normalität also nicht nur im Großraum Stuttgart, sondern auch auf dem Lande, im Allgäu? Weit gefehlt! Plötzlich kommt der Busfahrer, weißes Hemd und gute Krawatte, nach hinten und sagt ein paar Worte zu einem der Jugendlichen wegen ihrer für sein Empfinden wohl zu lauten Musik. Ich wundere mich. Sie hören, für Mitreisende kaum hörbar, mit Ohrstöpsel und Kopfhörer. Ich fühle mich nicht gestört. Aber die Jugendlichen ertragen *entweder* die Bummelfahrt *oder* die Gegend offenbar nur mit ohrenbetäubender Musik. Doch sie gehorchen sofort, schalten ihr Abspielgerät leiser oder ganz ab. Ich

genieße meine gemütliche Reise im Abendlicht, wodurch mir alles noch schöner und milder erscheint – genieße gedankenverloren die hügelige Weite der Landschaft, die Schönheit der Natur mit ihren Variationen in spätsommerlichem Grün.

Was kostet die Welt? Ich hab alles, ich hab Zeit! Als ob der Fahrer meine Gedanken lesen kann, verlässt er immer wieder die eigentliche Route, um eine entlegene Haltestelle anzufahren, wo meistens niemand ein- oder aussteigt. Eine riesige Tafel fällt mir auf, als die Straße kurvig ansteigt. Hier wird ein neues Gewerbegebiet erschlossen, ab 45 Euro der Quadratmeter. Die Gemeinde wirbt um Unternehmen, die sich ansiedeln möchten. Ich schlucke ein paar Mal kräftig. Das passt wie die Faust aufs Auge. Wieder soll ein Stück wunderbarer Schöpfung zersiedelt werden. Mir kommt eine Statistik in den Sinn. Jeden Tag *verbrauchen* wir in der Bundesrepublik Deutschland die Nutzfläche eines Bauernhofes, wie das auf Amtsdeutsch heißt. So hab ich es einmal in der Zeitung gelesen. Ich hoffe, es ist nicht übertrieben. Man möge mich gerne eines Besseren belehren. Denn die genaue Zahl, die genaue Größe weiß ich nicht mehr. Jedenfalls verrät uns die Sprache: Landschaftsverbrauch – ein Wort voller Kälte und Skrupellosigkeit, ein Unwort gleichsam. Wie groß doch der Unterschied ist zwischen Dialekt und sogenannter Hochsprache! Im Schwäbischen sagen wir: »Mr muss jeden so verbraucha, wie r isch.« Gemeint ist, du kannst niemand in der Tiefe seines Herzens verändern. Also akzeptiere ihn. Nimm ihn, wie er ist, mit all seinen Stärken und Schwächen. Lass ihm seine unverwechselbare Würde. Übertrügen wir den Gedanken auf den Verbrauch einer Landschaft, hätten wir eine völlig neue Form unseres modernen Umgangs mit Natur und Kreatur. Gegenüber der Anhöhe weiden Allgäuer Kühe. Sie tun, was sie seit Jahrhunderten tun. Sie interessieren sich nicht für meine tristen Gedanken.

Ich träume. Ich muss nicht aufpassen. Ich kann nichts falsch machen. Ich muss nur an der letzten Haltestelle den Bus verlassen: am Kurhaus. Gleich ist es amtlich, dass ich am Ziel bin. Nach einer längeren, gemütlichen Fahrt über die Dörfer – einschließlich einer Verspätung waren wir fast 50 Minuten unterwegs – verkündet der Chauffeur: »Endstation, bitte aussteigen!« Das tue ich. Kurz muss ich mich orientieren. Ich stehe wieder an einem Busbahnhof. Dieses Mal suche ich jemanden, der mich abholt und ins Hotel bringt. Ich entdecke ihn: ein junger Herr, sehr ordentlich gekleidet. Ich erkenne ihn an seinem Namensschild am Jackett mit dem Logo des Hotels und gehe zielstrebig auf ihn zu. »Grüß Gott! Herzlich willkommen in Isny!« Wir stellen uns kurz vor. Für einen Moment habe ich das Gefühl, ich bin nicht angemessen gekleidet mit meinen Jeans und dem Freizeithemd und einem Rucksack. Doch ich stufe dieses Gefühl sofort als falsch und unnötig ein. Ich bin Gast. Ich mache Urlaub. Ein Anzug wäre deplatziert. Den trage ich oft genug – zwangsläufig. »Hatten Sie eine gute Reise?«, fragt mich der junge Herr freundlich, was ich aus vollem Herzen bejahen kann. Ich empfinde die Frage weder als notwendiges noch als geschäftliches Ritual, sondern als eine stimmige, angebrachte und ehrliche Form der Begrüßung. Anders als in

Amerika, wo ein Willkommensgruß für mein Empfinden recht oberflächlich verläuft. Jeder versichert dir: »Nice to see you! Have a nice day!« Doch nicht nur in Gedanken, auch mit den Augen, mit der ganzen Körpersprache ist er schon beim Nächsten, der ihm begegnet: »Nice to meet you!« Hier aber bin ich im württembergischen Allgäu, wo ich einen wohltuenden Klang meines heimatlichen Dialektes höre …

Wir gehen zu seinem Wagen, den er gegenüber den Bussteigen geparkt hat. Er öffnet den Kofferraum, und ich verstaue mein Gepäck. Als wir im Auto sitzen, das Städtchen liegt bereits hinter uns, eröffnet er mir schmunzelnd: »Ich fahre langsam, Sie müssen sich auf die Postkutsche einstimmen!« Damit ist das Eis gebrochen. Schnell stellt sich heraus, dass er einer der beiden Geschäftsführer des Hotels ist. Ich erkläre ihm, ich sei genau deshalb mit öffentlichen Verkehrsmitteln angereist, um mich auf die Kutschfahrt innerlich vorzubereiten; um schon meine Anreise genießen zu können. Wir kommen ins Gespräch miteinander, aber viel Zeit, uns auszutauschen, bleibt nicht mehr. Er biegt bereits von der Landstraße ab, kurvig und steil geht es nun bergauf zum Hotel. Direkt vor dem Haupteingang lässt er mich aussteigen. Ich bedanke mich verbindlich, nehme Koffer und Rucksack und gehe zielstrebig zur Rezeption. Ich bin spät dran, durch die Verspätung des Busses ist es noch später geworden. Die junge Dame an der Rezeption im Trachtenkleid heißt mich herzlich willkommen und erklärt mir freundlich, der Sektempfang sei bereits im Gange. Man treffe sich auf der Terrasse. Sie händigt mir mit ein paar netten Worten den

Schlüssel aus, und ich bringe schnell meine Siebensachen aufs Zimmer. Ich möchte die Reisegruppe kennenlernen. Wer sind die anderen Kutschfahrer? Gibt es noch mehr so altmodische, nostalgisch oder historisch veranlagte Menschen?

Als ich kurz darauf die Terrasse betrete, bin ich fast sprachlos. Für einen Moment bleibe ich wie angewurzelt stehen. Ich staune nur. Das hätte ich niemals erwartet: ein traumhaftes Panorama, ein Blick über das ganze bewaldete Allgäu bis zu den Bergen Österreichs und der Schweiz! Die Lage dieses Hotels sucht wohl ihresgleichen. Wenn ich das gewusst hätte – ich wäre früher angereist, allein um diesen Ausblick in Ruhe zu genießen. Spontan beschließe ich, dieses Bild nicht nur im Gedächtnis als geistige Erinnerung festzuhalten. Vielleicht morgen früh. Dazu sage ich gerne meinem Vorsatz ab, möglichst wenig Fotos zu schießen während dieser vier Tage. Seit der Lektüre des Buches »Haben oder Sein« von Erich Fromm zu Beginn meines Studiums bin ich ein kleiner Kameramuffel geworden. Ich benutze sie kaum. Mal ehrlich: Die meisten Bilder werden gemacht, damit sie gemacht sind. Seit Jahrzehnten ist das so. Papierbilder, Dias, Digitalfotos. Wann schauen wir sie an? Wie oft? Sind sie überhaupt schnell greifbar, geordnet und sortiert? Als Jugendlicher habe ich die letzten Dampflokomotiven aufgenommen. Über 2000 Dias, ordentlich archiviert. Für wen? Wofür?

Der Ober reicht mir ein Glas Sekt und führt mich zu meinen Mitreisenden: zwei Paare aus der Reutlinger Gegend – Bruder und Schwester mit Mann und Frau – und ein Ehepaar aus Neu-Isenburg. Wir begrüßen uns, stellen uns vor, stoßen miteinander an. Alle haben bereits ein Getränk vor sich stehen. Sie sind schon eine Weile da, sind frühzeitig angereist: die vier mit dem Auto, das Ehepaar aus dem Hessischen mit ihrem Wohnmobil. So sitzen wir in der Abendsonne, genießen eine spätsommerliche Wärme und plaudern über Gott und die Welt – immer dieses faszinierende Panorama vor Augen. Meine Frage nach dem tieferen Grund ihrer Reise bleibt freilich unbeantwortet. Noch jemand hat die Kutschfahrt, wie ich auch, geschenkt bekommen. Wer bucht einen Kurzurlaub mit der Postkutsche? In der Regel dürften es Senioren sein, die sich etwas gönnen, was ich als eine absolute Individualreise bezeichnen möchte. Eine tolle touristische Idee mit geistreichem Hintergrund, die freilich ihren Preis hat! Deshalb wohl die vielen älteren Kutschfahrer – ich bin der Einzige in unserer Runde, der noch nicht im Ruhestand ist. Vermutlich ist das repräsentativ für alle Reisegruppen. Für eine vierköpfige Familie ist diese Reise mit der Postkutsche einfach zu teuer. Ganz abgesehen davon, dass sich meine beiden Jungs wohl schnell langweilen würden. Was wird schon geboten?

Heute muss immer etwas geboten sein: Unterhaltung. Der postmoderne Mensch kann sich selbst nicht mehr unterhalten; oder es genügt ihm nicht mehr, sich mit sich selbst zu beschäftigen. Er braucht, wie es so schön heißt, Fun, Action, Coolness. Das Leben versteht er als ein Event, das immer Spaß machen soll. Spaß ist das Zauberwort schlechthin. Mir fällt ein Lied ein mit dem geistreichen Refrain: Ich will Spaß, ich geb Gas. Der Massentourismus bietet genau diese Lebensmentalität wenigstens im Urlaub für zehn oder vierzehn Tage. Ich weiß, wovon ich rede. Ich hab auch schon gebucht. All inclusive. Zwei Worte, die viel sagen: alles inbegriffen – nicht nur Unterkunft und Verpflegung, sondern auch Spaß und Unterhaltung. Derjenige, der 48 oder 50 Wochen im Jahr fremdbestimmt wird, der lässt sich auch im Urlaub gleichsam fernsteuern. In den Hotels gibt es Animateure, die ihm helfen, die Zeit zu überbrücken, bis er wieder zurück ist in seinem Alltagstrott; bis ihn der Alltag wieder hat, wie wir das trefflich formulieren. Bespaßt geht er wieder an sein Werk, um schnell zu merken, dass das Leben eben nur selten Spaß macht. Darum freut er sich gleich auf den nächsten Urlaub, sofern er sich das Vergnügen leisten kann …

Bis zum Abendessen bleibt nicht mehr viel Zeit. Ich gehe nochmals kurz aufs Zimmer, um meine Sachen auszupa-

cken, um mich ein wenig frisch zu machen. Das Büfett ist einfach nur köstlich: Suppe, Salat, verschiedene Hauptgänge, Nachtisch. Alles, was das Herz begehrt! Gerne würde ich auf Vorrat essen. Schon der Anblick eines solchen Büfetts ist für mich etwas Besonderes. Mein Auge isst mit, aber manchmal sind die Augen doch größer als der Appetit. Vor allem, wenn bei Tisch eine angeregte, kurzweilige Unterhaltung möglich ist, vergesse ich allzu schnell den kulinarischen Genuss. Das ist der Fall. Wir kommen auf ein aktuelles Thema zu sprechen – Stuttgart 21. Der Mitreisende aus Neu-Isenburg sagt: Diese Proteste verstehe ich nicht. Ich erkläre ihm, warum ich sie sehr wohl verstehe und mit all denen sympathisiere, die jetzt auf die Straße gehen. Er meint, in Frankfurt hätte man ein ähnliches Bahnhofsprojekt angedacht und geplant, aus Kostengründen aber rasch wieder verworfen. Ich ereifere mich ein wenig, sage vielleicht zu viel. Normalerweise halte ich mich in politischen Dingen eher bedeckt. Berufsbedingt? Vermutlich. Aber ich bin grundsätzlich vorsichtig mit Schlagworten und Parolen. Wo gibt es schon einfache Lösungen in einer Welt, die immer komplizierter wird – deren Zusammenhänge eines öffentlichen Lebens mehr und mehr undurchschaubar sind? Jetzt ärgere ich mich über mich selbst. Ich war wohl zu offenherzig mit meinem politischen Bekenntnis. Ich ließ mich provozieren. Mit meinen Äußerungen habe ich gleichsam eine Steilvorlage geliefert für einen politischen Schlagabtausch, den wir zu emotional, nicht sachlich genug und genügend differenziert geführt haben. Hättst dei Gosch ghalta, na hätt de dr Bosch bhalta! Glücklicherweise gelingt es mir dann, mich zurückzunehmen. Wir sprechen wieder über andere Dinge. Stuttgart 21 ist schließlich nicht alles, auch wenn in diesen Tagen sehr viel darüber in der Öffentlichkeit diskutiert wird. Ich habe extra ein paar Zeitungen mitgenommen, um diesbezüglich alle Berichte, Artikel und Kommentare nachzulesen, was ich daheim noch nicht geschafft hatte. Die Journalisten schreiben im Moment zu viel darüber – ein Thema, das die Menschen offenbar in ganz Deutschland bewegt.

Ich verabschiede mich von der Runde, um noch schwimmen zu gehen; und im Wasser frage ich mich, ob es ein so schönes, vornehmes, exklusives Hotel sein müsste? Passt das überhaupt zu dieser Reise in die Vergangenheit? Doch können wir die Zeit einfach zurückdrehen, können wir uns zurückversetzen in eine längst vergessene Welt? Wer hätte daran Interesse? Wer würde buchen? Man reist ja nicht, um anzukommen – soll Johann Wolfgang Goethe einmal gesagt haben. Aber war Reisen damals nicht beschwerlich? Vielleicht das Gegenteil von romantisch, gemütlich oder erholsam? Die gute alte Zeit gibt es wohl nur im Märchen. So beschließe ich, diese Tage schlicht zu genießen. Ich gehe wieder auf mein Zimmer und lege mich aufs Bett. Ich will etwas lesen. Es fällt mir freilich schwer, mich zu konzentrieren. Lustlos blättere ich in den Zeitungen, lege sie wieder weg. Ich schließe die Augen, obwohl ich noch angezogen bin. Ich fühle mich nicht müde. Der Tag, der lange, wirkt in mir nach: Eindrücke, Bilder, Gedanken. Bevor ich schlafe, muss ich alles noch einmal in Gedanken nacherleben.

Von Jsny nach Bad Wurzach

ZWEITER TAG

»Bin immer erreichbar und
erreiche doch gar nichts.«

Revolverheld

Jm Speisesaal unseres Hotels ist ein reichhaltiges Frühstücksbüfett für uns Kutschfahrer und alle anderen Übernachtungsgäste vorbereitet. Welch ein Augenschmaus, welcher Anblick, welch herrliche Fülle! Ich bin pünktlich, aber das ist trotzdem zu spät. Als Genießer hätte ich doch früher aufstehen müssen. Was soll ich nehmen, worauf verzichten? Die Entscheidung fällt schwer. Ich muss mich freilich entscheiden, sonst gehe ich halb hungrig in den Tag. Für mich sind das mit die schönsten Momente, wenn ich im Urlaub bin: nach einer ruhigen Nacht sich entspannt und ohne Hektik dem Frühstück zu widmen. Müsli, Obst, Joghurt, Spiegelei, weiches Ei, Rührei, Brot, Wecken, Wurst, Käse, Saft, Sekt, Nutella, Marmelade, Honig – womit soll ich beginnen, womit aufhören? Die Zeit wird schnell knapp, und ich weiß einmal mehr, dass ich nicht auf Vorrat essen kann; dass meine Freiheit im

Verzicht sich bewährt; dass Champagner und Kaviar mein Ding nicht sind – schon gar nicht am frühen Morgen. Ist das nicht wunderbar? Du brauchst nicht alles. Denn alles wäre viel zu viel. Weniger ist mehr, mehr täte mir nicht gut. Doch wie schön ist es (ich muss es mir eingestehen), so verwöhnt zu werden, des Morgens nur eine Treppe hinabzulaufen und sich von einem Bild kulinarischer Schönheit empfangen zu lassen! Das Auge isst eben mit, und das Herz freut sich daran. Schon das Aroma eines frisch gebrühten Kaffees lässt alle Müdigkeit vergessen. Der Tag, die Fahrt, das Erlebnis kann beginnen.

Nach dem Frühstück wird es doch noch kurz hektisch. Ich packe schnell meine Sachen im Zimmer, gebe den Schlüssel an der Rezeption ab und gehe zum Eingang des Hotels, wo bereits ein Bustaxi auf uns wartet, um uns ins Stadtzentrum von Isny zu bringen. Das Gepäck in den Kofferraum, aber dann ein, zwei Erinnerungsbilder von dieser Terrasse aus! Das muss sein, sonst glaubt mir niemand daheim. Zufrieden sitze ich danach im Kleinbus und warte, was heute so auf mich zukommt. Während der Fahrt läuft Lady Gaga im Radio. In Isny werden wir bereits erwartet. Die Stadtverwaltung spendiert uns ein Glas Sekt, und unser Gepäck wird, während wir anstoßen, in einen privaten PKW umgeladen zwecks des Transportes zum nächsten Hotel. Nicht stilecht, denke ich, das gehört in die Kutsche, aber was soll's! Ich will nicht nörgeln, ich möchte genießen. Kein Mensch kann die Zeit zurückdrehen.

Tatsächlich gibt es unendlich viel zu genießen. Isny zeigt sich von seiner besten Seite. Wir stehen vor dem Kurhaus

gegenüber der Stadtmauer, prosten uns zu, freuen uns auf einen wunderschönen Tag bei traumhaftem Wetter, indes noch schnell die nötige Menge an Wasserflaschen in den Gepäckkästen der zwei Postkutschen verladen wird, wo ich gefühlsmäßig unsere Koffer vermutet hätte. Auf meine diesbezügliche Nachfrage erfahre ich, dass es für die Pferde zu schwer wäre, alles Gepäck zu transportieren – vor allem hinsichtlich der Steigungen, die ab und an zu bewältigen sind. Diese Antwort löst bei mir freilich eine weitere Frage aus, die zu stellen ich mir aber verkneife: Hatten die Reisenden damals kein Gepäck, wenn sie denn auf Reisen gingen und länger unterwegs waren? Wir fahren weitgehend auf einer ehemaligen Linie des Königlich Württembergischen Postwesens. Doch wir sind lediglich drei, vier Tage auf Achse, und wir haben nur kleine Koffer dabei. Ich kann den Gedanken nicht weiter verfolgen. Man bittet uns einzusteigen. Der Postillion bläst bereits zur Abfahrt. Wir fallen auf. Unüberhörbar und unübersehbar setzen beide Kutschen sich gemächlich in Bewegung.

Die Leute, die im Städtchen unterwegs sind, winken und grüßen uns freundlich. Ich sitze im offenen Landauer und grüße unsicher zurück. Das ist ein für mich fremdes Gefühl. Alles wirkt seltsam herrschaftlich. Ich empfinde es als unzeitgemäß, so chauffiert zu werden – der modernen Welt gleichsam entrissen und einer unbekannten, zeitlos erscheinenden Langsamkeit preisgegeben. Wir rollen am Stadttor vorbei. Isny macht einen sehr gepflegten und aufgeräumten Eindruck. Schnell sind wir ein Verkehrshindernis, kaum dass der Ortskern der einstigen Reichsstadt hinter uns liegt. Vorbei am alten Bahnhof, passieren wir riesige Industriegebiete. Unzählige fabrikneue Wohnmobile prägen das Bild. Auf einer früheren Landstraße, die heute als Radweg dient, erreichen wir die freie Natur. Die Radler steigen zum Teil ab und grüßen uns freundlich. Für die Passagiere einer Postkutsche ist unterwegs noch ein Schwätzle möglich. Einem Autofahrer sind wir buchstäblich im Wege. Er kann beim besten Willen nicht warten. Seine Gestik und Mimik verraten ihn. Hat er es so eilig? Er tut mir leid, denn er erinnert mich an den Geschäftsmann des Antoine de Saint-Exupéry in seinem »Kleinen Prinzen«, der ein außerordentlich wichtiger Mensch ist und keinerlei Zeit hat für Träume und Spielereien: »Je suis sérieux!« Er bremst uns kurzerhand aus. Er kürzt ab. Er fährt einfach über die Wiese, um uns zu überholen.

Ich sitze mit dem Rücken zur Fahrtrichtung. Eine interessante Perspektive – jetzt ragen die Türme Isnys silhouettengleich aus der hügeligen Landschaft, als ruhe die Stadt still und sanft in der Allgäuer Erde. Dahinter sehe ich die schneebedeckten Gipfel der Alpen. Ein paar Kühe springen vor Freude auf ihrer Weide entlang des Weges mit unseren Kutschen mit. In Rohrdorf rennen die Kinder im Kindergarten begeistert bis an den Zaun vor der Straße. Ihr Spiel scheint ihnen für ein paar Augenblicke nebensächlich zu sein. Denn das Posthorn erklingt mit lautem blechernem Klang, als unser Zug auf dem harten Asphalt hufschlagend sich nähert. Nach der Ortschaft biegen wir auf die Hauptstraße ein, traben lautstark vorwärts entlang der alten Bahnlinie. Ihr Gleisbett ist noch immer sichtbar und prägt und gestaltet die Landschaft. Nun eilen wir flott voran, vermutlich in der Reisegeschwindigkeit einer früheren Linienkutsche. Trotzdem sind wir für heutige Verhältnisse viel zu langsam. Rasch bildet sich eine kleine Schlange hinter uns, die bleibt, solange wir auf der Straße bleiben. Ich kann eine kleine physiognomische Studie treiben: die Psychologie des modernen Autofahrers. Wer reagiert wie? Wie schlägt sich die jeweilige Reaktion auf den Gesichtszügen nieder? Wer lächelt? Wer freut sich? Wer schimpft? Wer gestikuliert? Die meisten schmunzeln und bleiben gelassen. Aber nicht alle zeigen Verständnis für den Charme der Langsamkeit. Manche wirken genervt, scheinen sich zu ereifern und pressieren furchtbar. Freiwillig? Warum? Wozu? Gelegentlich entsteht eine heikle Situation, wenn uns jemand unvorsichtig und gewagt überholt.

Doch schon thront Schloss Rimpach vor uns. Wir verlassen die Hauptstraße, fahren hinein in den gleichnamigen Weiler, wo ein erster Halt geplant ist. Wir steigen aus, vertreten uns kurz die Füße, machen Bilder. Flugs aber fragt der Kutscher: »Pack mr's?« Darauf antwortet einer der Passagiere in unverkennbarem Reutlinger Schwäbisch: »Ja, mir packe's!« Also geht es weiter. Niemand widerspricht. Einfach schön, dass wir keinen Fahrplan haben, der uns Pünktlichkeit abverlangt! Die genaue Abfahrtszeit wird auf Zuruf festgelegt. Ein paar Minuten früher oder später – das spielt keine Rolle. Es könnte ja sein, dass noch jemand geschwind austreten muss im Grünen. Wir überqueren die Hauptstraße und den Bahndamm, rollen eine prächtige Baumallee entlang Richtung Schloss. Der

Bahndamm ist bereits völlig zugewachsen: ein richtiges kleines Biotop. Nun geht die Fahrt auf einem Feldweg weiter. Als wir uns einem Bauernhaus nähern, treten die Bewohner vor die Tür. »Schöne Büschela hen r gmacht«, schreit der Kutscher hinüber, worauf ihr freundliches Lächeln noch sichtbar freundlicher wird. Zwei Pferdefuhrwerke sind einfach nicht zu überhören mit ihren typischen Trappel- und Fahrgeräuschen. »I bin net hehlinge auf dr Welt«, pflegte meine Großmutter zu sagen. Jetzt erklingt auch noch das Posthorn. Ein Landwirt, der uns auf seinem Schlepper entgegenkommt, lupft den Hut. Eine Geste, die kaum noch zu sehen ist. Sie erinnert mich an meine Kindheit, an die alten Männer damals, und an das noch ältere Volkslied »Auf dr schwäbscha Eisabahna«. Unser Beifahrer springt plötzlich vom Kutschbock, an einem Zaumzeug scheint etwas nicht in Ordnung zu sein. »Gut gschmiert isch halba gfahra«, ruft der Kutscher zu einem jungen Bauern, der an seiner Mähmaschine hantiert. Wir fahren an einem uralten Haus vorbei, und ich habe den Eindruck, dass sich die Landschaft nun weitet. Die Berge verschwinden gleichsam. Sind wir noch im Allgäu, im württembergischen, oder sind wir bereits in Oberschwaben?

Kleine Lämmer weiden am Weg. In der Kutsche wird es ruhig. Macht diese fremde Art des Reisens uns müde? Die frische Luft, die ungewohnt vielen Eindrücke, all die Kleinigkeiten, die eine moderne Reisegeschwindigkeit uns gar nicht wahrnehmen lässt? Ich werde schläfrig. Ein leichter Fahrtwind massiert mir sanft die Ohren. Wir passieren ein neues Überlaufbecken an der Argen und überqueren diesen kleinen Fluss, dessen Name mir bekannt vorkommt. Ich bringe ihn mit dem Allgäu in Verbindung. Ich entdecke eine alte Schleuse mit der Aufschrift »1933«, als der Kutscher plötzlich schreit: »Technischer Halt!« Meine etwas unsichere Frage, was denn nicht stimme mit der Technik, beantwortet er verschmitzt grinsend: »Pinkelpause! Hasentoilette!« Also schwärmen wir alle aus ringsum ins Gebüsch – wir Reisenden samt dem Personal. Schließlich weiß ich nicht, wann der nächste technische Halt sein wird. Wie war das eigentlich zur Postkutschenzeit, wenn ein Fahrgast während der Reise einmal überraschend ein körperliches Bedürfnis hatte? Solche Fragen werden in der offiziellen Geschichtsschreibung selten beantwortet ...

Ein Streifenwagen der Polizei reißt mich aus meinen Gedanken bezüglich eines solch menschlichen Details unserer Verkehrsgeschichte. Der Beamte wartet geduldig am Rand des schmalen, asphaltierten Weges und lässt uns schmunzelnd passieren. Jetzt sind wir wirklich in einer verlassenen Gegend unterwegs. Ich frage mich, wen oder was die Polizei hier draußen sucht? Strukturschwaches Gebiet – dieser Begriff kommt mir in den Sinn, diesen Begriff, den ich immer gehasst habe, weil ich damit nie etwas anfangen konnte, ihn aber stets als arrogant und abwertend empfand: als Worthülse vermeintlich Besserer, die sich dem einfachen, dem wahren Leben längst entfremdet haben. Wir fahren an einem alten, großen, stattlichen Stallgebäude mit Hocheinfahrt vorbei. Das Dach ist teilweise schon eingestürzt. Daneben bildet eine Schrottsammlung ein Stillleben, mittendrin ein alter Magirus-Lastkraftwagen.

In Urlau herrscht wieder Leben. »Schö Wetter hant r«, sagt ein Hausherr im Allgäuer Dialekt. »Fahret au langsamer, wenn's so schö isch.« Ein Pudel springt wie aufgedreht neben den Pferden her, bis er einen leichten Peitschenhieb erhält und erschrocken sich wieder heimwärts trollt. »Sonst scheuen die«, erklärt der Kutscher beiläufig. Eine prächtige Dorfkirche mit Kirchhof steht mitten im Ort. Und – welch ein Gegensatz, denke ich – ein thailändisches Restaurant, wo ich es absolut nicht erwartet hätte. Bauer sucht Frau. Eine dämliche Assoziation, wie ich gestehen muss. Hinter Urlau kreuzen wir nochmals den Bahndamm, die frühere Strecke von Isny nach Leutkirch, und biegen wieder auf die Hauptstraße ein. »Das ist Entspannung pur«, sagt die Mitreisende mir gegenüber in der Kutsche – eine Französin, die mit einem Deutschen verheiratet ist und seit Jahrzehnten in Hessen lebt. Ich empfinde es genauso und frage mich in dem Moment: Warum eigentlich?

Manche nahmen mich nicht für voll, als ich ihnen im Laufe des vergangenen Jahres von meiner geplanten Reise mit einer Postkutsche erzählt habe – von Vorfreude, Neugier und einer Philosophie der Langsamkeit. Jetzt bin ich dem Geheimnis auf der Spur, das ich seit geraumer Zeit schon kenne: durch einen alten schwäbischen Bauersmann, der bis zuletzt mit seinen Pferden gearbeitet hat; durch die eine oder andere werktägliche Arbeitsstunde mit den Rössern; durch sonntägliche Ausfahrten über Feld, Wald und Wiesen. Danach hatte ich jedes Mal das gleiche Gefühl: Ich bin verändert – ruhiger, ausgeglichener, entspannter; als ob ich meine eigene Mitte neu gefunden hätte, mein inneres Gleichgewicht. Pferde, die Arbeit, der Umgang mit ihnen, sind offenbar eine Medizin für die Seele hektischer, stressgeplagter, gehetzter Menschen; Therapie für wohlstandskranke Menschen, eine Art Urlaub mitten im Alltag. Waren unsere Altvordern deshalb gesund und widerstandsfähig, den Anforderungen ihres harten Daseins voller körperlicher Arbeit ohne jegliches Freizeitvergnügen gewachsen? Wie heißt es in einem Gedicht von Karl Gerok?

Dein bestes Glück – o Menschenkind,
berede dich mitnichten,
dass es erfüllte Wünsche sind:
Es sind erfüllte Pflichten!

Ist unsere geistig-moralische Not vor allem ein mentales, sozusagen ein Kopfproblem? Trotz der mancherlei Pflichten: wir hätten es doch gut, bequem; wir könnten zufrieden sein und einfach nur genießen ...

Der Fahrer eines Milchlasters ärgert sich sichtlich. Ich muss lachen, obwohl mir nicht danach zumute ist. Er sitzt hinter seinem Steuer, schüttelt den Kopf und fuchtelt wie verrückt mit den Armen. Ein Roman kommt mir in den Sinn, der erste in der Reihe des Kommissars Kluftinger mit dem Titel »Milchgeld«. Jetzt kann ich mir manches plastisch vorstellen – hier in dieser Landschaft am Rande des Allgäus. In der Geschichte dreht sich alles um die Milch: um ihre Vermarktung, um Milchwerke und Milchlaster. Ich rieche förmlich die Milch. Gleich aber streift ein anderer Geruch meine Nase – nicht in der Fantasie,

sondern in der Realität: der Geruch von frisch gemähtem Gras und trocknendem Heu. In der Kutsche nehme ich vieles wahr, was mir im Auto zwangsläufig entgeht. Ich sehe, höre, rieche alles. Deshalb wussten die Reisenden früher so viel zu berichten.

Wenn jemand eine Reise tut,
So kann er was verzählen;
Drum nahm ich meinen Stock und Hut,
Und tät das Reisen wählen.
(Matthias Claudius)

Heutzutage ist das Reisen doch nur ein Hindernis auf dem – hoffentlich schnellsten – Weg zum Ziel, oder? Eine Reisekultur ist uns fremd. Sie ist der postmodernen Schnelllebigkeit, dem Geschwindigkeitsrausch, unserer heimlichen Sehnsucht nach einer gleichsam göttlichen Omnipräsenz zum Opfer gefallen. Im Moment aber ist der Weg das Ziel für mich. Ich lehne mich zurück, schließe für einen Moment die Augen und lasse den leichten Fahrtwind sanft mein Gesicht streicheln. Das unüberhörbare Hufgetrappel stimmt mich schläfrig zufrieden. Im flotten Trab eilen wir vorwärts auf einem breiten Band aus Asphalt – Leutkirch entgegen. Die Sonne strahlt freundlich und warm vom Himmel. Was wäre, wenn es jetzt in Strömen regnen würde? Ich denke an eine staatlich geführte landwirtschaftliche Studienreise in Sachsen in der einstigen DDR, mit der auch eine Kutschfahrt verbunden war, die ich als völlig verregnet in Erinnerung habe. Doch das Wetter ist nebensächlich für den, dem sich die Möglichkeit einer exklusiven Propagandatour im real existierenden Sozialismus bietet – auch eine herrliche Landschaft, Pferde, die Kutsche …

Ein Kosmetikstudio namens »Body Care« liegt an unserem Weg – etwas, was definitiv nicht in die Zeit passt, in der *wir* uns bewegen. Der Gedanke löst ein Gespräch in der Kutsche aus. Können wir uns tatsächlich zurückversetzen in eine längst vergangene Welt, die wir selbst nicht erlebt haben? Macht das überhaupt Sinn? Neben mir liegt meine kleine Kamera, in der Jackentasche oder im Rucksack mein mobiles Telefon. Auch mein Gegenüber fotografiert. Wir lachen. Schließlich wollen wir nicht übertreiben, wir wollen nicht mit unseren Vorfahren tauschen. Das würden wir schnell bereuen. Uns ist klar: Diese Kutschfahrt ist eine Marketingidee, eine kleine Auszeit auf Neudeutsch, ein nicht gerade billiges Vergnügen für entweder zivilisationsgeschädigte oder nostalgisch angehauchte Wohlstandsbürger – von der harten Realität damals wie heute weit entfernt. Ist es ein Experiment? Teilweise schon, aber eben nicht wirklich! Wären wir gleichsam experimentell wie vor 100 oder 150 Jahren unterwegs, dann müsste unsere Reise anders verlaufen – ganz anders. Sie hätte jedenfalls keinen Urlaubscharakter, wäre nicht mit dem Komfort verbunden, den wir genießen. Aber auch dann wäre das Ganze kaum ein ernsthaftes Experiment, sondern ähnlich den Dokumentarfilmen über das Leben vor 100 Jahren oder in der Steinzeit eher aus medialem Interesse entstanden. Denn die Gegenwart lässt sich nicht verdrängen oder vergessen, und die Vergangenheit nicht lebensnah und gefühlsecht rekonstruieren. Eine Zeitmaschine gibt es nicht. Jede Zeit kennt ihre eigenen

Freuden und Sorgen. Es ist genug, dass ein jeglicher Tag seine eigene Plage habe (Matthäus 6,34). Die beiden Kutscher, die vor uns sitzen, auf ihrem Bock, fahren nicht in einer originalen, sondern in einer original nachgeschneiderten Bauerntracht aus dem Jahre 1850, und unser schöner Landauer ist auch ein Nachbau.

Im Leutkircher Industriegebiet sehe ich den Gegensatz zwischen alt und neu, gestern und heute, Landwirtschaft und Volkswirtschaft. Ein Bauer kreiselt auf einer noch unbebauten Wiese sein Heu, den dritten, den letzten Schnitt des Jahres. Ob er hier zum letzten Mal überhaupt mäht, trocknet und erntet? Wer weiß – ich empfinde es jedenfalls so, als ich ihn mit seinem alten Traktor zwischen den neuen Produktionshallen, Gewerbe- und Bürogebäuden arbeiten sehe. Wir sprechen über Nostalgie, über den Boom alles dessen, was unsere Vergangenheit lebendig erhält: Ritterspiele, Oldtimer, Dampfzüge und – natürlich, wir sind ein gutes Beispiel dafür – Kutschfahrten. Unser Wohlstand, Sättigung und Überfluss führen dazu. Was einst in besseren Häusern zu Weihnachten galt, ist längst zu einer alles bestimmenden Normalität geworden. Welches ist der kleinste Fluss in Württemberg? Früher mag mancher Schüler darauf mit einem stillen Seufzer im Herzen dem Lehrer geantwortet haben: der Überfluss! Inzwischen ist daraus der größte Fluss geworden. Die Kinder sind viel weniger zufrieden trotz oder gerade wegen ihres Reichtums, den sie in der Regel genießen. Sie schätzen das Einzelne, das Kleine kaum noch. Wir Erwachsenen überschütten sie statt mit Zeit, Verständnis und Liebe nur mit materiellen Geschenken. Doch immer schneller nutzen die Dinge sich ab. Immer schneller muss etwas Neues entwickelt und verkauft werden, damit der Reiz des Entdeckens nicht verloren geht. Immer schneller wird es uns langweilig, wenn nicht ständig Besseres, Schöneres und Komplizierteres geboten wird.

»Mir hen no gnug am Alta«, hieß es früher als Antwort auf die Frage: »Gibt's ebbes Neus?« Danach kam die Zeit, in der alles Alte wegmusste – die Zeit, in der nur noch die Zukunft eine Zukunft hatte. Jetzt aber reisen wir gerne wieder in die Vergangenheit, in die vermeintlich gute alte Zeit. Das ist auch die Motivation unseres Kutschers, wie er erzählt. Auf dem Lande sei er aufgewachsen. Als Kind habe er Pferde noch als Arbeitstiere erlebt, aber am Sonn- oder Feiertag seien die Bauern mit ihren Pferden auch mal ausgefahren im Häs, wie es hieß, im Sonntagsanzug. Später habe er gedacht, Pferde wären über kurz oder lang nur noch Zootiere. Wer würde sie brauchen, und wozu? Wie hat er sich getäuscht! Heute gibt es vermutlich mehr Pferde als früher. Doch sie fungieren nicht mehr als Arbeits-, Zug- oder Lasttiere. Aus ihnen sind Zucht-, Sport- und Freizeittiere geworden. Sie dienen nicht dem Erhalt eines kargen Lebensunterhaltes, sondern der Nostalgie, dem Tourismus, der Pflege einer musealen Kultur. Wir brauchen sie als Ausgleich, als Abwechslung, als Medizin sozusagen um unserer Gesundheit willen. Ihre natürliche Schnelligkeit, ihre Geschmeidigkeit hilft unserer wissenschaftlich-technischen Schnelligkeit. Ein immer stärker um sich greifender Geschwindigkeitsrausch in allen Lebensbereichen sucht die Entschleunigung, den Reiz der Langsamkeit.

Das Industriegebiet in Leutkirch scheint endlos zu sein, was auf mich leicht einschläfernd wirkt. Doch plötzlich schreit unser Kutscher nach vorne zur anderen Kutsche: »I glaub, do kommt a Auto!« Zwar verstehe ich weder die Plötzlichkeit noch die Lautstärke seines Ausrufs, aber ich bin dadurch wieder hellwach; und ich frage mich, ob die Reisenden früher geschlafen haben während der Fahrt. Der gleichmäßige Hufschlag ermüdet – ganz besonders, wenn es, wie in einem Industriegebiet, wenig Interessantes oder landschaftlich Reizvolles zu sehen gibt. Wir sprechen über die verschiedenen Lebensstile Oberschwabens und Württembergs, was bis heute sicherlich etwas mit der jeweiligen Konfession zu tun hat: die fröhlichen, lebensbejahenden Katholiken und die sparsamen, puristischen Protestanten. Unwillkürlich muss ich an den gelegentlich kolportierten Ausspruch denken, eine Beerdigung im Oberschwäbischen sei fröhlicher als die Fasnet im alten Württemberg. In der Ferne taucht Schloss Zeil auf, das von seiner fernen Höhe aus unsere Fahrt nun eine Zeit lang begleitet. Immer wieder genieße ich den Ausblick, wenn nicht etwas direkt vor uns liegt, was meine Aufmerksamkeit beansprucht; wie die kleine Baumallee, die zur Hocheinfahrt eines Bauernhauses führt. Jetzt überqueren wir die Bundesautobahn 96 – für mich ein symbolträchtiges Bild: oben auf der Brücke die beiden gemächlich dahinrollenden Kutschen, darunter ein hektisch wirkender, lautstarker Verkehrsfluss.

Danach steht unser Beifahrer auf und zieht sich noch auf dem Kutschbock seinen Arbeitskittel an – ein unübersehbarer Hinweis auf die offenbar kurz bevorstehende

Mittagspause. Gleich werden die Pferde ausgespannt, ich freue mich schon auf das Essen im Gasthaus, bis die Tiere in einem eigens für sie hergerichteten provisorischen Stall im Hof hinter dem Gasthaus untergebracht sind und zufrieden ihr Mittagsmahl genießen. Erst dann gehe ich zu Tisch. Ich sitze neben Walter Ertl, dem Initiator dieser Reise, dem Postkutschenbauer, Pferdefreund und historisch Interessierten. Mindestens fünfmal pro Jahr fährt er seine Tour, die die Stadt Isny bewirbt und betreut: eine sanfte, spezielle Form des Allgäu-Tourismus. Ertl war Postbeamter, schon sein Großvater ein fahrender Landpostbote. Das Interesse an allem, ja, die Leidenschaft für alles, was mit dem Post(-kutschen-)wesen zu tun hat, ist gleichsam familiär bedingt: ein nicht wesentlicher Teil seiner Familiengeschichte. Jetzt erzählt er uns aus dem reichen Schatz seiner Erlebnisse und Erinnerungen. Im Gespräch kommen wir weit herum im Allgäu und in Oberschwaben und sind dankbar für die Schönheit unserer Heimat, die noch immer sichtbar ist, auch wenn inzwischen weite Teile dieser heimeligen Landschaft zerstört sind, »zubetoniert in grimmigem schwäbischem Fleiß, der kein Gras mehr wachsen lässt« (Thaddäus Troll).

Ertl erzählt von früher, wie es war, als die Postkutsche noch im Linienbetrieb unterwegs war: in echt, wie Kinder gerne sagen. Bis 1927 ist sie von und nach Ochsenhausen gefahren – weitgehend auf den Straßen und Wegen, auf denen wir in diesen Tagen fahren. Der allmähliche Rückgang und später das Ende der Postkutschenzeit hängt mit dem seit Mitte des 19. Jahrhunderts immer stärker aufkommenden Eisenbahnwesen zusammen. Der Dampfzug, das

Stahlross, trat seinen Siegeszug an als ein schnelleres, moderneres Verkehrsmittel. Einen Augenblick denke ich an die gute alte Bimmelbahn, werde nachdenklich und kann es fast nicht glauben. Doch am Ende meiner kleinen Reise in die Vergangenheit sollte ich noch begreifen, wie recht Herr Ertl damit hat. Nun erzählt er aus der Gegenwart, wie alles angefangen hat mit seiner eigenen Postkutsche. Ihm sei immer wichtig gewesen, dass die Postillion-Tour auf einem guten Niveau stattfindet: klein, aber fein – ein kulturelles Projekt als Gegenentwurf zum Massentourismus unserer Tage. Höchstens mit zwei Kutschen wolle er unterwegs sein. Der persönliche, fast familiäre Charakter des Angebotes liege ihm am Herzen. Einmal hätte er die Tour mit drei Kutschen gemacht, das sei für sein Empfinden schon grenzwertig gewesen. Ab und zu seien »Aussteiger« unter den Reisenden. »Die brauchen, bis sie bloß ankommen«, wie Ertl sagt. Einer davon, ein Bankmensch, der beruflich um die halbe Welt fliege, sei in Stuttgart gelandet und habe sich mit dem Taxi nach Isny chauffieren lassen, um sich zu ihm in seine Postkutsche zu setzen. Nicht ohne Stolz erzählt er das, und ich kann es verstehen: Seiner Initiative ist es zu verdanken, dass mancher Industrienomade wieder zu sich selber findet, seine eigenen Wurzeln entdeckt und ein neues Zeit- und Lebensgefühl. Mir geht es ähnlich. Ich mache eine Art klösterliche Erfahrung. Es dauert freilich, bis sich so eine heilige Gleichgültigkeit einstellt – ein echtes Vergessen des in der Regel stressbepackten Alltags. Im Grunde ist die Reise dazu viel zu kurz. Ich wäre gerne zwei, drei Tage länger gefahren. Doch das wiederum wäre auch eine Frage des Geldes.

Anton Mang, Ertls Beifahrer, ebenfalls mit einer schwarz-gelb-roten Uniform der einstigen Königlich Württembergischen Staatspost bekleidet, erklärt mir auf die Frage, warum die beiden Postillione so einen großen, schwarzen Lederschurz über ihren Knien haben: dass die Zügel, »s Gschirr«, die weiße Hose nicht dreckig machen; und dann grinst er übers ganze Gesicht. »Aber i pass net immer auf. I muss ja net wascha. S Weib tut's.« Damit ist die Mittagspause beendet. Nach dem opulenten Mahl (Flädlessuppe, Schweinemedaillons mit Spätzle samt einem Nachtisch) fällt es mir schwer, wieder aufzustehen; und doch ist es ein wohliges Gefühl, wenn's Ränzle spannt. Ich darf jetzt in der echten Postkutsche weiterfahren, einem wunderschönen Nachbau Walter Ertls – einer Berline, einem viersitzigen Reisewagen, wie es im Lexikon

heißt. Im Gegensatz zu dem Landauer, in dem ich heute Morgen saß, lässt sich das Dach nicht einfach öffnen und eine landschaftliche Rundumsicht genießen. Das hat Vor- und Nachteile. Empfand ich zunächst – unter offenem Himmel, von der Sonne verwöhnt und ohne die Notwendigkeit, den Kopf durchs Fenster hinauszustrecken, wenn es etwas zu sehen gibt – ein eher romantisches Gefühl, ist mir inzwischen nostalgisch zumute. Deine Altvorderen, so müssen sie einst gereist sein!

Wir rumpeln durch Herbrazhofen, und ich bin im Geiste wieder ein Zeitgenosse des ausgehenden neunzehnten oder des beginnenden zwanzigsten Jahrhunderts. Wie dem auch sei – damals haben sich die Zeitläufte noch nicht rasant verändert. Obwohl, wer weiß: Vielleicht haben unsere Vorfahren schon damals ihre Welt als schnelllebig empfunden. Jedenfalls war und ist eine Kommunikation in der Postkutsche nahezu unumgänglich, wenn man so eng beieinandersitzt. Die Menschen müssen kleiner gewesen sein früher; anders kann ich mir den geringen Abstand der beiden einander gegenüberliegenden, bequem gepolsterten, edel aussehenden Bänke nicht erklären. Sitzen groß gewachsene Reisende in der Kutsche, was heute eher die Regel ist, berühren sich zwangsläufig ihre Knie. Aufgrund solch körperlicher Nähe wäre diese Postillion-Tour ideal für frisch Verliebte. Für mich ist die Enge im Moment kein Problem, ich bin allein auf meiner Seite. Ich sitze leicht schräg und kann meine Beine sogar übereinanderschlagen. Doch wie ging es einem Reisenden, der vor dem Aufenthalt in geschlossenen Räumen eine krankhafte Angst hatte? Wurde unterwegs gesprochen, gelesen, gesungen? Einen Laptop gab es damals nicht, auch kein Handy, keinen CD- oder MP3-Player! Genoss man schweigend die Landschaft, die an den kleinen Fenstern gemächlich vorbeizog? Wurde gedöst, geschlafen, geschnarcht? Das Fahrgeräusch, ein gleichmäßiges leichtes Schaukeln und das Hufgetrappel wirken beruhigend und machen müde. Was war, wenn der Tag grau, kalt oder völlig verregnet war; wenn der Blick hinaus in eine sonst bunte Weite des Allgäus und Oberschwabens sich kaum gelohnt hat? Wie war dann die Stimmung in der Kutsche? Gab es auch ein unangenehmes, peinlich berührtes Schweigen? Wer will sich stundenlang anschauen während einer längeren Reise?

Ich versuche mir alles vorzustellen: die Enge, die körperliche Nähe, die fehlende Fluchtmöglichkeit. Was, wenn zwei sich nicht nur im übertragenen, sondern im tatsächlichen Sinne nicht riechen konnten? Jetzt erscheint mir der Begriff »dicke Luft« in einem neuen Licht. Die hygienischen Verhältnisse mögen anders gewesen sein. Eine Übernachtung in der Poststation, auch daheim nur Katzenwäsche, Mund- und Körpergeruch – wieder wird mir klar, dass ich vieles aus der Vergangenheit nur allzu gern romantisch oder nostalgisch verkläre. Ich merke, mein historisches Interesse war bislang nicht eben breit gefächert. Seit der Schulzeit ist Geschichte für mich im Grunde genommen etwas Großes oder etwas Schreckliches: Jahreszahlen besonderer Ereignisse, Kriege, militärische Erfolge, Aufstieg und Niedergang eines Herrschergeschlechtes. Ist Geschichte nur die Geschichte der Kaiser und Könige, der Despoten und Tyrannen? Oder auch

die Geschichte des einfaches Volkes, Wohl und Wehe der Bauern und Bürger – Sozialgeschichte, Sittengeschichte, Geschichte der Kleidung, des Essens und Trinkens? All die unscheinbaren, unzähligen, unerwähnten Geschichten der Geschichte? Wie oft haben sie angehalten, mussten sie anhalten mit ihrer Postkutsche: um der Enge für einen Moment zu entfliehen, um sich die Beine zu vertreten, um die Notdurft zu verrichten? Bat man den Kutscher darum? Hielt er von sich aus?

Wir sind bereits in der Wurzacher Gegend unterwegs, eine Ried- oder Hochmoorlandschaft wird immer deutlicher erkennbar. Zeitweilig fahren wir auf hartem Asphalt, was den Hufschlag der Pferde fest und laut klingen lässt, wenig romantisch. Wenn einst die Fuhrwerke emsig über das Kopfsteinpflaster ratterten, was muss das für ein Lärm gewesen sein? Oder waren die Pferde anders beschlagen? Ich frage mich, ob derlei Hufschlag in den Ohren eines Virtuosen noch Musik gewesen sein kann. Denn Mörikes Novelle »Mozart auf der Reise nach Prag« kommt mir in den Sinn – ein unfassbar schönes sprachliches Kunstwerk, zu welcher Schönheit ich bislang noch keinen rechten Zugang gefunden habe und über einen Anfang sowohl in der Lektüre als auch im Verständnis nie hinauskam. Doch was ich verstehe, macht mich neidisch: die völlig andere Kultur des Reisens und der völlig andere Umgang mit der Zeit. Wir haben keine Zeit mehr, deshalb kennen wir die Zeit auch nicht. Wir verstehen nicht, was Zeit in Wirklichkeit bedeutet: ein Geschenk des Schöpfers, ein Lebenselixier, eine Überfülle; eine Einladung zu genießen, zu verschwenden, zu verschenken. Wir glauben, wir hätten keine Zeit. Dabei haben wir genügend Zeit – jeden Tag vierundzwanzig Stunden. Aber wir kennen nur eine einzige Seite unserer Zeit: die knappe, stets zu kurze, schnell vergängliche Zeit. Wir erleben Zeit als Geschwindigkeit, als Eile, Rasanz, Beschleunigung. Die andere Seite aller Zeit ist uns fremd geworden – ihre Langsamkeit.

In der Kutsche liegen kleine Liederbücher, die meine Mitreisenden jetzt zur Hand nehmen. »Hoch auf dem gelben Wagen« wird angestimmt. Ich halte mich freilich zurück, da ich absolut kein Sänger bin und einen Ton äußerst selten richtig treffe. Ich habe vielleicht eine Sprech-, aber keinesfalls eine Singstimme. Gleichwohl begreife ich einmal mehr, was wir verlieren, wenn wir die Zeit verlieren:

Fülle, Glück, Freude und Geborgenheit, Kurzweil und Gewissheit – ein letztes Wissen um den Sinn unseres Lebens. Die Erfahrung ist nicht neu, wie dieses alte Volkslied zeigt. Wir suchen den Rausch der Geschwindigkeit, wir suchen uns selbst darin – Lebensfreude und Lebensglück, doch wir verlieren uns und damit allen Sinn: das Gelingen in einem tieferen Sinne oder eine letzte Erfülltheit. Deshalb leben wir in einem beständigen Zwiespalt. Wir brauchen die Bewegung, das Tempo, die ständige Veränderung, Beschleunigung und Verbesserung. In Wahrheit aber sehnen wir uns nach dem Ewigen, nach dem gleichbleibend Menschlichen: nach Langsamkeit, Ruhe und Entschleunigung.

Hoch auf dem gelben Wagen
sitz ich beim Schwager vorn.
Vorwärts die Rosse traben,
lustig schmettert das Horn;
Felder und Wiesen und Auen,
leuchtendes Ährengold.
Ich möcht ja so gerne noch schauen,
aber der Wagen, der rollt.

Postillion in der Schenke
füttert die Rosse im Flug.
Schäumendes Gerstengetränke
reicht mir der Wirt im Krug.
Hinter den Fensterscheiben
lacht ein Gesicht so hold:
Ich möcht ja so gerne noch bleiben,
aber der Wagen, der rollt.

Flöten hör ich und Geigen,
lustiges Bassgebrumm,
junges Volk im Reigen
tanzt um die Linde herum,
wirbelt wie Blätter im Winde,
jauchzet und lacht und tollt.
Ich bliebe so gern bei der Linde,
aber der Wagen, der rollt.

Sitzt einmal ein Gerippe
dort bei dem Schwager vorn,
schwingt statt der Peitsche die Hippe,
Stundenglas statt des Horn,
sag ich: Ade nun, ihr Lieben,
die ihr nicht mitfahren wollt,
ich wär ja so gern noch geblieben,
aber der Wagen, der rollt.

Sich mit dem Tode zu beschäftigen; lernen, dass ich einmal sterben muss – auch das ist eine Lektion auf meinem Lebensweg. Ohne das Wissen um mein eigenes Sterben finde ich keine Gewissheit für mein Leben: was letztlich wichtig ist und zählt. Damit ich leben kann – glücklich und zufrieden. Damit ich im Zweifelsfalle bereit bin, loszulassen und mein irdisches Dasein aufzugeben. Wenn ich krampfhaft alles an mich reiße, was das Leben mir bietet – in der ständigen Angst, ich käme zu kurz, dann verliere ich, was ich habe, und bin am Ende ein Kind des Todes. Warum also bin ich gierig und geizig? Ich bin erschrocken, dass dieses alte Lied sich mit meiner Vergänglichkeit beschäftigt und mit einer Todesstrophe ausklingt.

Das war mir nicht bewusst, wird es doch in aller Regel in fröhlicher Runde gesungen. »Hoch auf dem gelben Wagen« – war dieses Lied nicht seit meiner Kindheit ein Synonym für Lebenslust, Heiterkeit und ein sorgenfreies, unbeschwertes Dasein? Jetzt aber lese und höre ich: Der Tod ist das Ende vom Lied. Leben und Sterben sind also keine Gegensätze, sondern gehören zusammen wie die Jugend und das Alter oder wie Kraft und Schwachheit. Auch Ruhe und Rast sowie Eile und Hast ergänzen einander. Der Text wirkt in *der* Beziehung fast modern auf mich. Ständig rollt der Wagen, obwohl das Ich des Dichters je und je noch bleiben will. Ich denke an Nietzsche: »Alle Lust will Ewigkeit, will tiefe, tiefe Ewigkeit.« So ist es mir schon manches Mal ergangen unterwegs. Ich will verweilen, den Augenblick genießen, aber der Wagen, der rollt …

Ich werde wieder schläfrig. Mir fehlt der Rundblick, den ich heute Morgen im offenen Landauer hatte. Jetzt zieht die Landschaft vorbei, als säße ich in einem Bilderkino. Das ermüdet mich allmählich. Ich sitze mit einer fast gleichbleibenden Körperhaltung und -spannung. Dazu kommt das stärkere, aber gleichmäßige Schwanken der Kutsche. Auch die Bereifung ist anders. Ein paar Hühner laufen auf der Wiese neben dem Fahrweg. Allein dieses schöne Bild reißt mich wieder aus meiner Lethargie. Ich fühle mich zurückversetzt in eine mir fremde Welt, als ob eine Zeitmaschine am Werk wäre – empfinde die Situation als echte Reisesituation. Wir fahren an hohen Maisfeldern vorbei, die den Blick verstellen. Ich höre, wie das Zaumzeug der Pferde klirrt mit einem eigenartig metallischen Klang: der harte Schlag ihrer Zähne auf das Eisen. Ich sehe, wie die Peitsche vor meinem Fenster in der Luft seltsam schwingt und tanzt. Alle Tiere, die entlang unseres Weges weiden, laufen flugs zur Kutsche, sobald sie uns hören oder sehen. Meistens begleiten sie uns noch ein Stück bis ans Ende ihrer Weide mit, zum Teil mit munteren Sprüngen. Ist das ihr Herdentrieb, ein Ausdruck instinktiver Sehnsucht nach Freiheit und Weite oder einfach die pure Lebensfreude?

In Diepoldshofen empfängt uns kräftiges Hundegebell. Wir halten, und das Posthorn ertönt. Ich steige aus. Ein altes, stattliches Bauernhaus fällt mir auf und weckt meine Neugierde. Ich laufe ein paar Schritte, vertrete mir die Füße und gehe durch eine offene Stalltür hinein. Nur noch ein paar Pferdeboxen sehe ich. Vor der Scheune steht eine Kutsche. Kühe gibt es hier nicht mehr. Offenbar hat das Gebäude einen neuen Besitzer, der die Landwirtschaft wohl als Hobby betreibt. Garten und Wohntrakt wirken auf mich städtisch gepflegt; anders, als es einst gewesen sein muss, als das Anwesen rein landwirtschaftlich genutzt wurde und eine vielleicht große Familie zu ernähren hatte. Doch die Hühner und ein Hahn scharren noch auf der Miste. Ich gehe weiter, entdecke den Dorfbrunnen in einer wunderschön gestalteten Ortsmitte. Hier würde ich gerne länger verweilen, mich mit einem Buch in die Sonne setzen, lesen, sinnieren oder einfach nur die Augen schließen und träumen, bis das alte Dorf mit seinen Bewohnern in meiner Fantasie wieder lebendig wird. Bestimmt würde ich sie sehen. Sie würden alle auferstehen samt ihrer längst verstorbenen Welt. Sie würden leben, weiterleben

im Rhythmus ihrer Tage, der Jahreszeiten und ihrer Traditionen. Sie würden mal fröhlich, mal traurig arbeiten und feiern, würden bescheiden ihre Pflicht erfüllen in der Gewissheit, damit einem großen Ganzen zu dienen – einer gleichsam göttlichen Ordnung, die der Einzelne niemals in ihrer letzten Tiefe versteht; und die ihm trotzdem oder gerade deshalb einen Sinn im Leid und in der Freude schenkt.

»Ich möcht ja so gerne noch schauen, aber der Wagen, der rollt.« So lasse ich zurück, was mich beschäftigt. Wir setzen die Reise fort, und neue Eindrücke warten auf mich. Wiederkäuende Rinder liegen gemütlich am Hang. Denken sie sich ihren Teil, als unsere beiden Kutschen vorbeischaukeln? *Was* denken sie? Sie blicken so treuherzig und zufrieden drein, als ob es auf Erden weder Sorgen noch Ängste gäbe. Ein Bild des Friedens und der Harmonie – Symbol einer inneren und äußeren Ruhe, die auch unseren Vorfahren oft genug gefehlt haben mag. Niemals war die Welt ein Idyll. Doch immer half das Idyll, sie besser zu verstehen und in ihr leichter zu bestehen. Wenn ich als Reisender gedanklich immer wieder abschweife, träume, schläfrig werde: Schlief der Kutscher manches Mal auch auf seinem Bock – vor allem, wenn sie zu zweit waren; hing er ebenfalls träumerisch seinen Gedanken nach? Heutzutage wäre es wegen des starken Verkehrsaufkommens wohl unmöglich, unterwegs einzuschlafen. Das wäre lebensmüde. Früher sagte man: »D Gäul wisset da Weg allei!« Der Kutscher konnte betrunken sein, schläfrig und übermüdet. Obwohl – für die offizielle Post- und Personenbeförderung, für die Postillione gab es natürlich entsprechende Vorschriften. Sie hatten einen ordentlichen Lebenswandel zu führen. Sie mussten maßvoll sein im Genuss von alkoholischen Getränken. Sie waren zur Nüchternheit im Dienst verpflichtet. Ich nehme an, schon damals gab es genügend gefährliche, verantwortungsvolle Situationen im Verkehr: bei Kälte, Eis und Schnee, auf abschüssiger Strecke, bei aufgeweichter, rutschiger oder steiniger Fahrbahn.

Inmitten der Natur legen wir den nächsten Halt ein. Einen Moment lang frage ich mich: Warum? Was ist los? Herr Ertl weist uns aber gleich auf eine Gedenktafel hin – leicht erhöht, am Waldrand unauffällig versteckt. Ihm sei es wichtig, hier wenigstens kurz zu verweilen. Wir gehen die paar Meter und lesen: »In diesem Wald ließ ein deutscher Hauptmann am 26. April 1945 – zwei Tage vor dem Einmarsch der französischen Truppen – fünfzehn deutsche Soldaten erschießen.« Eine der vielen Sinnlosigkeiten während des Krieges! Wie hätte ich mich dem Nationalsozialismus gegenüber verhalten, wenn ich während des »Dritten Reiches« schon gelebt hätte? Die Antwort bleibt offen. Sie ist zwar hypothetisch, doch sie nötigt mich in jedem Falle zur Zurückhaltung, wenn ich urteile über die Zeit damals und die Menschen, die in einer solch schweren Zeit leben mussten. Hätte ich mich arrangiert mit dem System? Wäre ich ein Mitläufer gewesen oder durch die Umstände zu einem Mitläufer geworden? Oder hätte ich mich dem Widerstand angeschlossen? Wäre ich in die innere Emigration gegangen? Hätte ich passiv Widerstand geleistet? Rasch steigen wir wieder ein in die schöne, in jahrelanger Arbeit und Mühe von Walter Ertl selbst ge-

baute Kutsche, und ab geht die Post. Fort, nur fort aus solch trauriger Geschichte!

Bad Wurzach, unser heutiges Reiseziel, rückt bereits näher – ein Gedanke, der mich etwas traurig stimmt, da ich jede Minute genieße und am liebsten noch tagelang mit zwei Pferdestärken reisen möchte. Wir umgehen die Bundesstraße, fahren zum Teil auf Nebenwegen, die oft uneben sind, wodurch die Kutsche manchmal mächtig schwankt. Danach folgt ein Streckenabschnitt voller Kies und Splitt. Unser Gefährt knirscht und knackt unaufhörlich, was einen ordentlichen Geräuschpegel verursacht. Da sage noch einer, die Kraftfahrzeuge würden zu viel Lärm verursachen! Mehrere Höfe liegen am Weg, deren Besitzer und Bewohner uns plakativ ihr Bekenntnis verkünden: »Wir arbeiten ohne Gentechnik!« An einem der Ställe prangt ein Schild mit der Aufschrift: »AKWs abschalten! Atomenergie nein danke!« Nur ein halbes Jahr später sollte diese Botschaft endgültig in Deutschland erhört werden. In Fukushima geschah die Katastrophe, die einer Nutzung der Kernenergie unwiderruflich, wie ich hoffe, die Unschuld nimmt.

Wir fahren durch Bauhofen. Jetzt geht's in Richtung Ried, denke ich, als die letzten Häuser dieses kleinen Fleckens hinter uns liegen und die freie Natur uns wieder umgibt. Eine echte Urlandschaft, die entsprechend urig auf mich wirkt: wie ein Hauch des Wilden Westens! Die Karl-May-Bücher und -Filme kommen mir in den Sinn. Ich sehe Winnetou, höre Old Shatterhand. Als kleiner Junge war ich einmal bei den Karl-May-Festspielen in Bad Segeberg – eine Erinnerung, die sich mir tief ins Gedächtnis eingeprägt hat. Als Jugendlicher las ich die Abenteuerromane des wohl meistgelesenen deutschen Schriftstellers mit Begeisterung. Einige Käfer und Fliegen sitzen außen an den Fensterscheiben der Kutsche. Sie krabbeln hin und her, während mein Gegenüber schläft. Schlaf ist offenbar ansteckend. Ich habe Mühe, mich wachzuhalten. Jetzt verstehe ich die Wirkung eines gleichmäßigen Rüttelns und Schüttelns auf den Wach- und Schlafzustand der Säuglinge. Wie sollten sie dem auch widerstehen, noch dazu in der frischen Luft! Ein herrlicher Gras- und Heuduft zieht durch die nur teilweise geschlossenen Fenster. Ich atme tief ein und schließe für einen Moment die Augen. Doch gleich darauf stinkt es bestialisch: der Geruch, besser Gestank frisch ausgebrachter Gülle. Ärgerlich, welch ein Wechselbad für Nase und Gemüt! Doch beides gehört eben zur Landluft – das Angenehme, Wohlriechende ebenso wie das Ätzende. Das eine ist ohne das andere nicht zu haben. Alles ergänzt sich. So ist das Leben. Nur wer im Dunkel war, kann sich recht freuen über das Licht. Wer die Wärme kennt, der leidet in der Kälte. Ihn fröstelt.

Unvermittelt biegen wir nach links ab, verlassen unseren Weg, fahren elegant eine Schleife und halten vor einem Wohnhaus mitten im Grünen. Früher muss es ein einsamer Hof gewesen sein. Scheune und Stall sind noch leicht erkennbar, jetzt dienen sie einer Baufirma als Lager. Ein großes, an dem alten Gebäude überdimensioniert wirkendes Schild verkündet ihren Namen und ihr Gewerk. Nur ein paar Pferde, die auf einer Wiese neben dem Hof gemütlich grasen, zeugen von der einstigen landwirtschaftlichen Nutzung dieses abgelegenen Gehöftes. Wir sind noch nicht ausgestiegen, als bereits eine Frau mit einem Tablett voller Gläser aus dem Haus nach draußen eilt. Im gleichen Moment höre ich den Ruf des Kutschers: »Schnapshalt!« Aha, wir sind offenbar angemeldet, diese Einkehr scheint zum üblichen Rahmenprogramm zu gehören. Die Gastgeberin bietet uns ihre verschiedenen Liköre und Schnäpse an: Kartäuser beispielsweise oder Williams Christ. Was ist zu empfehlen? Ich kenne mich auf diesem Gebiet nicht aus. Ich mag weder Schnaps noch Likör, ein hochprozentiges Getränk brauche ich lediglich ab und zu als Medizin – wenn ich Bauchweh habe, um eine Wunde zu desinfizieren oder um mir Mund und Rachen zu spülen. Hier freilich muss ich zugreifen, um nicht als unhöflich zu gelten. Ich lasse mir aber nur wenig einschenken, a Bodadeckat, wie wir Schwaben dazu sagen. Prompt habe ich die falsche Wahl getroffen: einen Likör, der furchtbar süß schmeckt. Doch ich mache eine gute Miene dazu und verweise meinen Kutscher samt Beifahrer schmunzelnd auf die Dienstanweisung der Postillione, mit der man uns bereits vor dem Antritt der Reise vertraut gemacht hat: »Von dem Postillion wird erwartet, dass er sich eines sittlichen und nüchternen Wandels befleißigt; im Besonderen hat er sich vor dem Genuss geistiger Getränke zu hüten, damit er im Dienst stets in gehöriger Wachsamkeit bleibt.« Aber Herr Mang zwinkert mir zu: »Des isch Medizin!« Und Herr Ertl ergänzt sogleich: »Mir sen oinaweg no nüchtern.« Der rasche Aufbruch bestätigt es. So flott, wie wir vorgefahren sind, so flott fahren wir wieder vom Hof. Ich höre nur noch, als beide Kutschen schon anziehen, einen der bekanntesten landestypischen Dialoge: »Dankschön!« – »Nix zum danka!«

Als ich mich aus dem Fenster beuge und zurückblicke, sehe ich nochmals die schneebedeckten Alpengipfel. Eine Katze bewegt sich, kaum sichtbar, majestätisch im halbhohen Gras, als sei sie auf der Jagd und würde sich an ein potentielles Opfer heranpirschen. In den Talsenken steht das Wasser tagelanger Regenfälle. Spontan überfällt mich ein Glücksgefühl ob des wunderbaren spätsommerlichen Wetters, und ich sage in aller Stille meinem Gott Dank dafür. In einem Weiler namens Truschwende – ich überlege geschwind, woher der Name wohl rührt, finde aber keine Erklärung – winken uns zwei Leute freundlich zu. »S isch immer wieder schö, wenn ihr vorbeikommet«, rufen sie den Kutschern zu. Ich nehme an, das sagen die beiden irgendwelchen Autofahrern sonst wohl kaum. Im Gegenteil! Wahrscheinlich sind sie froh, wenn andere Verkehrsteilnehmer, die nicht unbedingt mehr Lärm verursachen als zwei Kutschen, ihren Flecken umfahren und das ländliche Idyll nicht aus der Ruhe bringen. Interessant, immer wieder ist es interessant, wie anders uns die Menschen begegnen. Was macht die Faszination eines Pferdefuhrwerks aus?

Wir fahren in Sichtweite zur Bundesstraße, auf der reger Verkehr herrscht. Wir verlieren sie zwischendurch aus den Augen, bald aber nähern wir uns ihr wieder. Mir fällt eine üppige Blumenrabatte zwischen Bundesstraße und Landwirtschaftsweg auf, als beide Asphaltbänder einander fast berühren. Welch ein Kontrast, welche Farbenpracht neben dem eintönig langweiligen Schwarzgrau! Kurz vor Bad Wurzach fahren wir ein Stück auf dem Radweg. Jetzt geht es ziemlich eng her. Unter einer Brücke müssen die Kutscher sogar den Kopf einziehen. In Wurzach halten wir direkt vor dem Schloss. Einige Passanten bleiben stehen und schauen erstaunt zu. So muss es einst gewesen sein, als hier die herrschaftlichen Fuhrwerke durch den kleinen Park vorfuhren (so der korrekte Ausdruck), um ihre Fahrgäste standesgemäß aussteigen zu lassen. Nun kann ich es lebhaft nachempfinden. Fehlt nur noch der Page in der Livree, der mit freundlich ergebener Miene die Türe aufmacht (den Schlag, wie der Volksmund dazu sagt) und mir beim Aussteigen behilflich ist, sowie andere dienstbare Geister, die sich sogleich um unser Gepäck kümmern und alles in die jeweiligen Gemächer verbringen …

Im Schloss heißt man uns alsbald mit einem Glas Sekt herzlich willkommen. Wir erfahren einiges über die Geschichte der Stadt, das gräfliche Geschlecht und ihre Residenz; werden durch verschiedene Räumlichkeiten geführt und bekommen im Treppenhaus eine optische Täuschung erklärt. Eine Anekdote fällt mir dazu ein. Zwei Monteure sind auf Montage. Eines Abends feiern sie ausgiebig in der Dorfkneipe, bis sie zuletzt alleine dasitzen. Der Wirt hätte gern Feierabend, aber die beiden wollen einfach nicht gehen. Sie bestellen nochmals ein Viertele, obwohl sie längst nicht mehr nüchtern sind. »So jung wie heut komma mr nemme zamma!« Der Wirt bringt die Getränke, dabei schauen sie zufällig in die Spiegelwand gegenüber. »Du«, sagt der eine nun zum anderen, »außer ons sen bloß no die zwei do drüba do. Komm, zu dene hocka mr num!« Sie greifen zum Glas, stehen auf, da sagt der andere, wieder mit einem Blick zur Spiegelwand: »Bleib hocka, guck, die zwei kommat rum!«

Ich finde es hochinteressant, was uns der ortskundige Führer erzählt, höre gerne zu und lasse mir neugierig alles zeigen. Wie die ganze Reise, so ist auch diese Stunde im Wurzacher Schloss nur für uns sieben etwas Besonderes. Gleichwohl bin ich etwas ernüchtert. Ich kann nicht glauben, dass die Kutschfahrt für heute vorbei sein soll. Ein seltsames, schwer zu beschreibendes Gefühl scheint sich meiner zu bemächtigen; und ich frage mich, ob ich schon süchtig bin nach dieser königlichen Art des Reisens: nach Hufgetrappel, Pferdeduft, der beschaulichen Landschaft Oberschwabens und einem längst vergessenen Glück der Langsamkeit? Ich fühle mich nach all den Eindrücken dieses Tages gleichermaßen erfüllt und leer. Am liebsten würde ich weiterfahren – immer weiter und weiter – allein in der Postkutsche – bis nach Hause.

Vor dem Abendessen gehe ich noch ein paar Schritte durch das Städtchen, und ich spüre wieder diese oberschwäbische Beschaulichkeit. Gehen die Uhren hier anders, wie man sagt, als im Großraum Stuttgart? Vier ältere Frauen sitzen auf einer Bank vor dem Haus und debattieren unüberhörbar in ihrem einheimischen Dialekt. Im Nachbarhaus höre ich durchs offene Fenster türkische Stimmen. Ohne dass ich das alte Wurzach näher kenne, spreche ich gleichsam zu mir selbst: Was hat sich nicht alles verändert! Denn auch viele, sehr viele Radwegschilder fallen mir auf. Ich fahre so gerne Fahrrad; seit meinem zehnten Lebensjahr, als ich zu Weihnachten meinen ersten Drahtesel geschenkt bekam, den ich geliebt, gehegt und gepflegt habe. Ein schlichtes und einfaches Modell: Dreigang-Nabenschaltung mit Gepäckträger ohne jegliche Extras. Erst später kam ein – aus heutiger Sicht vorsintflutlicher – Tachometer dazu. Damit war ich glückselig. Mitte, Ende der Siebzigerjahre haben wir mit solchen Rädern bereits größere Touren unternommen: auf die Schwäbische Alb, Richtung Bodensee und nach dem Abitur drei Wochen lang bis Belgien und Holland. Von wegen Beschilderung! Nicht einen einzigen Radweg mit entsprechendem Symbol und dazugehöriger Beschilderung gab es damals. Wir fuhren mit der ADAC-Generalkarte – einer Straßenkarte – bei Wind und Wetter. Manche Erwachsene nahmen uns Jugendliche nicht für voll. Das Radfahren war unzeitgemäß und unbeliebt. Der Motorisierung gehörte die Zukunft. Wie haben die Zeiten sich geändert! Aus Wurzach ist längst Bad Wurzach geworden, aus dem Allgäu und Oberschwaben eine Freizeit- und Tourismusregion, gerade auch für Radler, worauf mich die vielen kleinen grün-weißen Schilder mit dem Radsymbol aufmerksam machen. An der Fassade des Gasthofes »Zum Ochsen« prangt ein übergroßer, das ganze Gebäude prägender Schriftzug aus dem Alten Testament: »Du sollst dem Ochsen, der da drischt, nicht das Maul verbinden« (5. Mose 25,4). Ich bleibe stehen, ich freue mich und beginne zu sinnieren. Doch ich sollte allmählich zurück ins Hotel und mich zu Tische begeben, aber ich spaziere noch einmal hinüber in den alten Schlosspark – geschwind wenigstens. Alles ist so einladend schön und abendlich ruhig.

Das Essen schmeckt vorzüglich, ich genieße es. Was gibt es Schöneres, als dass ich mich an einen gedeckten Tisch setzen darf. Wir lassen den Tag bei Speis und Trank Revue passieren. Wir sprechen über den enormen Aufwand, der nötig war im Umgang mit den Pferden und den alten Kutschen – harte Arbeit, alles andere als ein Freizeitvergnügen. Heute allerdings wäre genau diese in erster Linie körperliche Tätigkeit eine Therapie für stressgeplagte Manager, für ausgebrannte Leute aus der Wirtschaft, die unter ihrer nicht mehr körperlich harten Arbeit leiden. Der Gedanke bringt mich auf den Widerspruch dieser Tage zwischen unserem Reisestil auf der einen und unserem Lebensstil auf der anderen Seite. Wir leben im Luxus gleichsam, reisen aber spartanisch. Fehlt noch, um das Bild vollends auszumalen, der Cappuccino in der Kutsche! Doch der alte Schwabe in mir meldet sich zu Wort: »Zweimal am Tag warm essen – da ist der Wohlstand ausgebrochen, oder?« Stimmt! Ich muss mir selber recht geben. Ich habe, wie wir sagen, nicht alles gezwungen, so reichlich war die Portion. Das kommt wahrlich selten vor. Ich bin ein Gern- und Vielesser. Ein schlicht genialer, unvergesslicher Tag neigt sich seinem Ende entgegen. Er muss warm, sehr warm gewesen sein. Das sehe ich, bevor ich ins Bett gehe. Die Schokolade in meinem Rucksack wurde zwischendurch ganz weich. Auf den Gepäckraum hinter der Kutsche hat offenbar mächtig die Sonne geknallt …

Von Bad Wurzach nach Ochsenhausen

DRITTER TAG

*»Die am meisten nach
Genuss jagen, erlangen ihn
am wenigsten.«*

Marcus Tullius Cicero

Des Morgens, nach einem gemütlichen Frühstück und einem nicht weniger gemütlichen Aufbruch unter den Klängen des Posthorns und der Anteilnahme mancher Neugieriger, setzen wir unsere Reise ebenso gemütlich und entspannt fort. Das Städtchen liegt bald hinter uns, und der Turm der Wurzacher Stadtpfarrkirche ragt, als wir uns langsam entfernen, wie ein freundlicher Abschiedsgruß mitten aus einer grünen Wiese einsam empor, als stünde er allein auf weiter Flur fernab seiner Stadt und aller Zivilisation. Nun fahren wir durch eines der größten Hochmoorgebiete Mitteleuropas – ein Naturschutzgebiet von internationaler Bedeutung: das Wurzacher Ried. Für mich ist das der Höhepunkt unserer Reise. Unberührte, urige, urtümliche Natur, so weit das Auge reicht. Die Langsamkeit, mit der wir uns fortbewegen, entfaltet hier einen ganz besonderen

Charme. Nun fühle ich mich auch landschaftlich zurückversetzt in die Welt meiner Urgroßeltern.

Mitten im Ried werden die Plätze getauscht. Walter Ertl
verlässt den Kutschbock und setzt sich zu uns in den
Fahrgastraum, währenddessen einer der Gäste nach oben

darf zum »Bäcker-Toni«, dem Postillion-Kollegen Anton Mang. In seiner schwarz-rot-goldenen Uniform der Königlich Württembergischen Post sitzt Herr Ertl nun mir gegenüber im Inneren seiner selbst nachgebauten historischen Berline und beginnt zu erzählen. Die Geschichte mit dem Posthorn zum Beispiel, dem berühmten Signalinstrument der Postillione. Es erhielt seine zirkelrunde Gestalt erst im 15. Jahrhundert und war damals schon in Süddeutschland als Jägerhorn bekannt. Reitende und fahrende Boten bliesen damit. Erbpostmeister Franz von Taxis gab dieses Horn seinen Postillionen in die Hand und erhob deren Gebrauch zu ihrem Privileg. Ein Fuhrwerk musste auf den Ruf des Posthorns der Postkutsche ausweichen. Den Hüter eines Schlagbaums zwang das Posthorn, die Straße für die Post unentgeltlich frei zu machen. Sogar einem Stadttor gebot das Posthorn, sich zu öffnen und die Post selbst bei Nacht einzulassen. Seinen Ruhm jedoch verdankt das Posthorn einem musikalischen Zauber – der Gabe, die Herzen der Menschen zu gewinnen und zu erfreuen. Mancher Postillion konnte es gut blasen, das habe er in den alten Aufzeichnungen gelesen. Manchem sei aber nahegelegt worden, das Blasen des Horns wegen Untauglichkeit besser zu unterlassen, wie Ertl schmunzelnd bemerkt.

Er erzählt auch von einer Sondergenehmigung. Normalerweise dürfe man nicht mit zwei Kutschen durch das Wurzacher Ried fahren. Ein Spaziergänger bleibt verwundert stehen und hält seine Hand vor die Augen im grellen Sonnenlicht, als traue er ihnen nicht; als wisse er, worüber wir eben sprechen. Unfassbar schön, diese Urlandschaft! So sieht es aus, wenn die Natur sich selbst überlassen bleibt; als ob die Zeit nicht mehr ist, ebenso wenig wie der Mensch, der mit schwerem Gerät lautstark die Erde bebaut. Friedliche Ruhe ist die Assoziation, die mir dazu einfällt – Friedhofsruhe. Das wirkt wohltuend fremd auf mich: so fremd wie die Gedichte, die Walter Ertl nun auszugsweise zitiert.

Es ist so still; die Heide liegt
Im warmen Mittagssonnenstrahle,
Ein rosenroter Schimmer fliegt
Um ihre alten Gräbermale;
Die Kräuter blühn; der Heideduft
Steigt in die blaue Sommerluft.

(…)

Kaum zittert durch die Mittagsruh
Ein Schlag der Dorfuhr, der entfernten;
Dem Alten fällt die Wimper zu,
Er träumt von seinen Honigernten.
– Kein Klang der aufgeregten Zeit
Drang noch in diese Einsamkeit.
(Theodor Storm, Abseits)

Trinkt, o Augen, was die Wimper hält,
Von dem goldnen Überfluss der Welt!
(Gottfried Keller, Abendlied)

Ja, es ist eine mir fremde, unwirkliche Welt. Doch das Fremde fasziniert mich. Deshalb bin ich unterwegs mit

einer Postkutsche – altmodisch, nostalgisch, auf dem Weg in eine Zeit, die es nicht mehr gibt und nie mehr geben wird. Das war bestimmt keine gute alte Zeit. Sie gab es nie. Dessen bin ich mir bewusst. Aber ist alles schlecht, alt, veraltet, nur weil es vergangen ist? Alles Fremde fasziniert. Alles Neue. Früher oder später. Mein Postillion sagt, mit einem Blick in die Weite des Wurzacher Riedes: »Dr Biber kommt zrück.« Eine Tierart, die wir nur noch aus den zoologischen Gärten kennen, weil ihr natürlicher Lebensraum durch unsere Zivilisation, durch eine reine Kulturlandschaft zerstört wurde. Hier siedelt sie sich wieder an. Ich staune. Wie ich vorhin gestaunt habe, als Herr Ertl spontan aus dem Gedächtnis Theodor Storm und Gottfried Keller rezitierte. Das belegt meine steile These, dass die alten schwäbischen Baurabübla einst in der Volksschule mehr für ihr Leben gelernt haben als unsere Oberschüler heute; was wohl daran liegt, dass sie pausenlos mit Reizen und Bildern überflutet werden und deshalb nicht mehr aufnahmefähig sind.

Dietmanns liegt vor uns in Sichtweite. Welch ein Genuss, im Schritt gemütlich auf ein Dorf zuzurollen! Mir scheint, als ob *ich* mich mit ihm und es sich mit *mir* vertraut machen kann, bevor wir einander begegnen und uns kennenlernen. Wie oft brause ich mit dem Auto viel zu schnell auf einen Ort zu, um am Ortseingang abrupt zu bremsen! Ich sollte es, das lerne ich gerade, viel öfter ausrollen lassen – wie beim Radfahren, wo ich zwangsläufig energiesparend und wohltuend langsam unterwegs bin. Die Eile, in der wir leben, die inzwischen alles erfasst, macht uns zunehmend krank. Wir sind fast süchtig danach, in immer kürzerer Zeit immer mehr zu erledigen. Meine Großmutter sagte manchmal, wenn ich im Übereifer kindlicher Lebensfreude möglichst alles auf einmal tun wollte: »Du willst au fertig sei, eb (bevor) da anfangst!« Als ob Herr Ertl meine Gedanken erahnt, zitiert er jetzt eine der bekanntesten Redewendungen unserer postmodernen Welt: die Seele baumeln lassen. Je hektischer wir den Alltag gestalten, desto häufiger bemühen wir solche Sprüche. Weiß er, dass er damit Kurt Tucholsky in populärer Form zitiert? Ich traue es ihm zu. »Wir lagen auf der Wiese und baumelten mit der Seele« (Schloss Gripsholm). Mitten in Dietmanns, auf der Hauptstraße, die wir entlangfahren, biegen beide Kutschen plötzlich nach links auf die andere Straßenseite, wo sie vor einem Bauernhof stehen bleiben. Den Grund erfahren wir gleich, er wird ausgerufen, wie früher die Schaffner eine Station ausriefen: »Bierhalt!«

Eilfertig bringt man uns zwei Körbe voller Bierflaschen verschiedener oberschwäbischer Brauereien. Wir sind also angemeldet, die Hausfrau hat alles vorbereitet und das Bier rechtzeitig gekühlt. Ich zögere kurz, doch ich greife zu. Soll ich morgens schon Alkohol trinken, der ich ein Pils eigentlich nicht mag? Aber erstens zählt Bier, besonders das Weizenbier, neben dem Kaffee, nach dem ich fast süchtig bin, wenn ich müde bin, zu meinen Lieblingsgetränken; und zweitens spielt es heute keine Rolle, wenn ich meinem Grundsatz »Alkohol erst gegen Abend!« untreu werde. Im Dienst bin ich nicht, und Auto fahren muss ich auch nicht. Also genieße ich den kühlen Gerstensaft, obwohl mir dessen »Geist« spürbar schnell in den Kopf steigt. Was soll's? Ein kurzer Abschiedsgruß, ein knappes Dankeschön, und schon geht die Fahrt fröhlich weiter durch des Heiligen Römischen Reiches Klosterwinkel, wie die Gegend einst genannt wurde: der vorderösterreichische, habsburgische Teil des Königreiches Württemberg. Viele Gasthäuser tragen die Symbole der Evangelien in ihrem Namen: Adler, Engel, Löwe, Ochse. Herr Ertl meint, das sei ein kleiner Hinweis auf die vielen Klöster in der Region.

Wir passieren einen Weiler, der Truilz heißt – seltsam, fast unaussprechlich. Wer hat ihn so getauft? Weshalb? Rasch begleitet uns wieder die freundliche Weite Oberschwabens. Ich empfinde sie als eine Einladung, mein Leben fröhlich und dankbar zu genießen. »Du stellst meine Füße auf weiten Raum, Herr, du treuer Gott« (Psalm 31, 9). Die Landschaft prägt ihre Menschen. Schon dadurch ist der Charakter eines Oberschwaben anders geformt als der eines Altwürttembergers, was sich in der Verschiedenheit ihres jeweiligen Lebensstiles deutlich zeigt. Enge Täler, weniger Sonne, karstige Böden und ein raueres Klima im Schwarzwald, auf der Schwäbischen Alb und im Kernland des Neckars hinterlassen ihre Spuren in der Lebens- und Denkweise der Bevölkerung. Der Pietismus fand hier einen idealen geistigen Nährboden, indes im Oberland trotz oder wegen eines strengen Katholizismus Lebensfreude und Lebenslust sich durchsetzen konnten.

Kaum dass ich den Gedanken in Ruhe durchdenke, halten wir an einem Waldesrand. Als wolle er mich bestätigen, geht Walter Ertl um seine Kutsche herum, öffnet den Gepäckkasten und reicht uns seinen selbst gepressten Apfelmost – das frühere Nationalgetränk der Schwaben. Wir dürfen kosten, und er erzählt uns dabei einiges, was wohl nur dem Kenner der Materie im Detail verständlich und gegenwärtig ist. Wann habe ich das letzte Mal geholfen, Äpfel und Birnen aufzulesen, sie in die hauseigene Mosterei des Großonkels zu schaffen, alles Obst zu waschen, zu zerkleinern, auszupressen und den Saft in die Mengen eines verwandtschaftlichen Flaschenarsenals oder in wunderschöne alte Holzfässer abzufüllen, um solch wertvollen Trank für einen langen Winter haltbar zu machen? In meiner Kindheit, als ich noch ein kleiner Junge war. Das ist lange her, vieles weiß ich nicht mehr. Um diese Mosterinnerungen aufzufrischen, müsste ich ein Fachbuch lesen. Dann käme mir manches vielleicht wieder bekannt vor. Wer mostet heute noch? Wer nimmt so viel Arbeit auf sich? Viele unserer Streuobstwiesen, die eine ständig fortschreitende Zersiedlung noch übrig ließ, liegen verwaist

und verlassen da – ein für mich trauriger, mit Wehmut verbundener Anblick.

Unser Most ist längst ersetzt worden durch Bier und Sprudel. Früher wurde von morgens bis abends, zumindest auf dem Lande, nichts anderes getrunken. Mancher Urschwabe war im ewigen Mostrausch. Ich habe derlei Originale noch erlebt. Zitat: »Äll Tag sauf i sechs, acht Liter.« Ich erinnere mich, dass ich als Kind im Keller Most holen durfte. Mir kommt eine Anekdote in den Sinn. Die Familie sitzt am Mittagstisch. Das Essen dampft, das Gebet ist gesprochen, als der Hausherr bemerkt, das Getränk dürfte nicht reichen. »Sei so gut«, bittet er seinen Sohn, »gang gschwind nunter und hol no a Krügle.« Der Bub folgt sofort und verschwindet in den Keller. Mit einem vollen Krug in der Hand kommt er zurück und schreit aufgeregt: »Papa!« Er will etwas sagen, aber sein Vater lässt ihn nicht zu Wort kommen. In der Familie wird bei Tisch meistens geschwiegen, was vor allem für die Kinder gilt. »Danke, hock na on iss.« – »Papa!« – »I sag doch, iss zuerst amol. Verzähl mr nachher, was da mr verzähla willst.« – »Papa, horch doch!« – »Nei, hock na on iss. Sonst wird s Essa kalt.« Endlich fasst sich der Junge ein Herz, auch ohne dass ihm der Vater zu reden erlaubt. »Du, Papa, i han dr wolla bloß saga, i han da Hahna nemme zubracht ...«

So stehen wir denn, ein Glas in der Hand, am Waldesrand und halten einen kleinen Ständerling. Die einen genießen den Schatten, die anderen die spätsommerliche Septembersonne. Vor uns liegt ein wunderschönes oberschwäbisches Landschaftspanorama. Nicht nur Flüssiges gibt es zu verkosten, auch selbst gebackene Teigwaren von Anton Mang, Ertls Beifahrer, dem »Bäcker-Toni«, der heute Nacht schon in seiner Backstube fleißig war. Ich frage mich, wie er das schafft; er wirkt auf mich kein bisschen müde. Welch ein Genuss: verschiedene Sorten Apfelmost in freier Natur, dazu knusprige, ofenfrische Wecken und Seelen, eine Spezialität der oberschwäbischen Backkunst alter Schule! Wie so oft während dieser Reise vergesse ich Zeit und Raum. Plötzlich verstehe ich, warum »mit dem Abräumen des Mostkrügles vom Tisch die Unrast ins Land der Schwaben kam« (Kurt Gayer). Das leicht alkoholhaltige Getränk übt eine offenbar beruhigende Wirkung aus, was den sogenannten Mostschnuller belegen würde, den man früher angeblich den Babys vor dem Einschlafen verabreicht hat; wie auch den Mostkopf als Schimpfwort für den, der ständig zu viel davon trinkt und deshalb stets angesäuselt ist – unfähig, seinen Alltag mit klarem Verstand zu meistern.

Weiter geht's! Wir wechseln wieder die Plätze. Ich darf nach vorne, nach oben auf den Kutschbock zum Schwager. Woher stammt der Ausdruck eigentlich? Von dem französischen Wort »chevalier« für den Reiter auf dem Sattelpferd – eine Ableitung davon? Das hab ich dieser Tage von Herrn Ertl mal andeutungsweise gehört. Inhaltlich ergibt sich ein Sinn. Der Schwager ist der Kutscher, der Postillion – eben der, der beim Pferd sitzt. Wie dem auch sei, jetzt sitze ich neben Anton Mang, dessen stoische Ruhe und heitere, humorvolle Gelassenheit ich spüre, seit ich ihn gestern Morgen zum ersten Mal auf dem

Kutschbock sitzen sah. Obwohl ich ihn eher als schweig-
sam eingestuft hätte, plaudert er lebhaft mit mir. Ich sage
nur wenig, weil es interessant ist und kurzweilig, was er
erzählt. Gerne höre ich zu, wenn er über die Sorgen und
Nöte der Landwirte spricht; über das Missverhältnis zwischen Aufwand und finanziellem Ertrag; über die zunehmende Bürokratie, die er mit einer Geschichte beschreibt,
die sich anhört wie ein schlechter Witz, der die Wirklichkeit spöttisch trifft. Mir bleibt das Lachen im Halse ste-
cken, ich werde traurig und wütend zugleich. Ein alter
Bauer, der noch zwei Kühe im Stall hat, erhält einen Brief
des Landwirtschaftsamtes. Darin wird er aufgefordert,
eine Kuh zu verkaufen, wenn anders er nicht seine Ren-
te gefährden wolle, insofern unklar sei, welchen Gewinn
sein Betrieb noch abwerfe.

Dann sprechen wir über einige Details seiner Postillions-montur. Sie ist eine originalgetreue Galauniform der Kö-niglich Württembergischen Post aus den Jahren 1820 bis 1850 – im eigentlichen Sinne noch die Thurn-und-Taxis-Uniform in den Farben gelb-schwarz des alten Herzog-tums Schwaben vor der Säkularisation: aber schwarz-rot gekennzeichnet als königlich-württembergisch. Das fürstliche Geschlecht Thurn und Taxis betrieb die Post in Württemberg bis 1850. Die Postillione trugen ihre Gala-uniformen zu »außerordentlichen Gelegenheiten«, vor al-lem anlässlich der Beförderung »allerhöchster und höchs-ter Herrschaften«. Jeder Landesherr versuchte sich damals von seinen Nachbarn abzugrenzen und für seine Beam-ten eine besonders schöne Uniform zu finden. So vielfäl-tig wie die politische Landschaft zu Beginn des 19. Jahr-hunderts noch war, so vielfarbig waren oft die Monturen der Postillione. Die beiden Initialen F und R am linken Arm, seltsam und kaum lesbar ineinander verschlungen, beziehen sich auf den dicken Friedrich, wie er allgemein genannt wird wegen seiner offenbar gewaltigen Leibes-fülle: Fridericus Rex – König Friedrich (1797–1816), erst Herzog, später Kurfürst und ab 1806 erster württember-gischer König. Napoleon soll, was mir spontan einfällt, über ihn gesagt haben, es sei schon erstaunlich, wie weit sich die menschliche Haut ausdehnen könne.

Nach diesem kleinen Ausflug in unsere Landes- und Post-geschichte erzählt mir Herr Mang von seiner Bäckerei, wie er zweimal in der Woche über die Dörfer fährt und seine Backwaren verkauft. Er erzählt und erzählt – be-gleitet nur vom gleichmäßigen Hufgetrappel, das für mich

auf eine wohltuend beruhigende Weise eine sinnbildliche Einheit zwischen Mensch und Tier vernehmbar macht. Er erzählt, wie er eine türkische Mitarbeiterin eingestellt hat, die er schon länger kennt und mit der er zufrieden ist; erzählt Geschichten über die Häuser und Höfe, an denen wir vorbeifahren. »Dohanna kenn i alle!« Den ledigen Landwirt, den mit der Biogasanlage und das Lehrerehepaar, das ein altes Bauernhaus seit Jahren liebe- und mühevoll renoviert.

So erreichen wir Füramoos. Als wir an der Raiffeisenbank vorbeifahren, erklärt mir Mang etwas, worüber ich schmunzeln muss, weil es in *meine* Welt nicht mehr passt. Wenn die zweistündige Verkaufszeit der Außenstelle seiner Bäckerei im dortigen Bankgebäude vorbei ist, verkauft eine Bankangestellte das übrige Brot und die übrigen Wecken. Eine Hand wäscht die andere. In Oberschwaben hilft man sich noch gegenseitig. Das gefällt mir, ich finde es schön. Für mich ist das ein kleines Stück unserer dörflichen Vergangenheit, die ich, der ich in der Stadt groß geworden bin, auch aus der Dorfgemeinschaft der früheren DDR kenne. Zuletzt erzählt er noch alte Geschichten von betrunkenen Fuhrmännern, die selbst gar nicht mehr in der Lage waren zu fahren, aber ihre Pferde fanden immer den Weg nach Hause, auch ohne ein Navigationssystem. Einmal habe der Rossknecht des Wirtshauses einen Fuhrherren kurzerhand auf den Wagen gelupft und ihn der Länge nach aufs Langholz gebunden. Als wir schon vor der Gaststätte stehen, in der für uns wieder ein kräftiges Mittagsmahl wartet, stellt mir der »Bäcker-Toni« noch die Frage: »Warum essen die Österreicher keine Brezeln?« Da ich nur achselzuckend dreinblicke, erhalte ich sogleich die Antwort: »Weil die den Knopf net aufbringet!«

Bei Tisch – die Pferde sind ausgespannt und genießen ebenfalls eine mittägliche Ruhe – setzt sich die Unterhaltung fröhlich fort. Alles rund um die Geschichte der Postkutsche ist unser Thema. Jetzt führt Walter Ertl hauptsächlich das Wort. Ochsenhausen–Füramoos sei die letzte Linie des Postamtes Ochsenhausen gewesen, bis 1927 war die Kutsche unterwegs. Danach wurde mit dem Bus gefahren, und 1935 kam dann die sogenannte Landverkraftung (den Begriff habe ich noch nie gehört). Durch das Hauptpostamt wurden alle Dörfer mit Motorkraftwagen bedient. Vom »Öchsle«, von der Schmalspurbahn in Ochsenhausen, seien die Päckchen und Pakete abgeholt und zugestellt worden. Manchmal, so erzählt er, wollte jemand auch da mitfahren. »Wann fährst?« – »Ha, kommst do on do ins Rössle!« Man sei aber nicht unbedingt zu der Zeit auch losgefahren, wie er schmunzelnd hinzufügt. »Zuerst isch vielleicht no eikehrt worda.« Ob Postkutsche oder Postbus damals – etwas hatten sie alle, was uns heute ständig fehlt: Zeit. Niemand hatte es eilig. In den »Allgemeinen Dienstvorschriften« von 1913 heißt es: »Die Ein- und Aussteigenden sollen nicht ohne Not und nicht ungebührlich zur Eile getrieben werden.« Schon damals war alles bis ins Detail geregelt.

Ein altes Buch macht die Runde. Ich blättere darin. Wir Deutschen, gerade auch wir Schwaben, sind eben bürokratisch veranlagt. Nur: Wie gehen wir damit um, was einmal in Form einer Gesetzessammlung, Vorschrifts-

mappe oder Dienstanweisung schriftlich niedergelegt wurde? Vor einer Wirtschaft darf der Postillion nicht halten! Walter Ertl dazu: »Na hat mr halt zwei Häuser weiter ghalta ...« Der Postillion selbst sei gelegentlich auch kontrolliert worden: ob er möglicherweise Schwarzfahrer mitnimmt und in die eigene Tasche wirtschaftet; ob er pünktlich ist und nüchtern. Bei diesem Stichwort schaue ich insgeheim auf mein Glas. Nach einem »Bierhalt« und einem »Mosthalt« heute Morgen trinke ich zum

Mittagessen keinen Alkohol. Jemand anderes am Tisch erzählt von einem Fuhrmann, der nur Schweine transportiert. Ausnahmsweise nimmt er einen Fahrgast mit, der ihn, am Ziel angekommen, fragt: »Was bin e schuldig?« Worauf er die Antwort erhält: »Normal kostet a Sau a Mark.« Nach dem Essen zeigt uns Herr Ertl noch zwei alte Schwarz-Weiß-Bilder, auf denen Vorfahren von ihm zu sehen sind im Dienst als Postillione. Dann setzt er sich an einen anderen Tisch und stempelt für jeden von uns Postkarten mit dem Siegel des Konrad Bachmor ab, vormals Posthalter im Postamt zu Ochsenhausen von 1795 bis 1845. An diesem Tisch, so erklärt er uns, hätten eben jene Vorfahren von ihm Briefe entgegengenommen und Reisende begrüßt.

Als ich die Gaststätte verlasse, fällt mir an der Treppe im Flur, die ins Obergeschoss führt, ein altes Schild auf: »Bitte Schuhe reinigen!« Im Geiste sehe ich die Dorfstraße vergangener Zeiten vor mir: nackte Erde, regennass, voller Schlammlöcher, ohne Kandel und Kanalisation. Ich sehe, wie die Alten im blauen Anton oder Schaffschurz und ihre Kinder in kurzen Hosen oder Kleidern mit lehmverschmiertem Schuhwerk den Hausflur betreten. Nun beginnt die letzte Etappe unserer gemeinsamen Reise mit der Postkutsche. Ich werde schon melancholisch insgeheim – leider eine Schwäche von mir – und denke *vor* dem Ende bereits an das Ende. Warum? Ganz einfach: Ich habe mich verloren, ich habe Raum und Zeit während dieser Reise vergessen. Es ist wunderschön, ich könnte tagelang noch fahren. Aber immer gibt es früher oder später ein letztes Mal. Allein der liebe Gott weiß, warum und

wann. Denk es, o Seele! Dieses besondere Gedicht von Eduard Mörike kommt mir in den Sinn, das so herrlich traurig und schwermütig ist.

Ein Tännlein grünet wo,
Wer weiß, im Walde,
Ein Rosenstrauch, wer sagt,
In welchem Garten?

Sie sind erlesen schon,
Denk es, o Seele,
Auf deinem Grab zu wurzeln
Und zu wachsen.

Wir haben die Plätze getauscht. Ich sitze wieder im offenen Landauer und genieße die Septembersonne, die mir spürbar Gesicht und Arme wärmt. Nur kurz, als wir aufbrechen, ist es leicht bewölkt. Gleich, noch in Füramoos, ziehen wir eine lange Schlange hinter uns her: Wohnmobile, Autos und Traktoren. Der Blick in all die Vorgärten lohnt sich. Viele der alten Bauernhäuser sind längst umgebaut und umgewidmet. Die Landwirtschaft hat sich grundlegend gewandelt. Wenige nur noch, aber große und moderne sogenannte Vollerwerbsbetriebe gibt es. Wir kommen auf die Entfremdung des Menschen zu sprechen, auf diesen langen geschichtlichen Prozess, dessen Beginn wir im Frühkapitalismus des 16. Jahrhunderts vermuten. Für die Tiere ist eine artgerechte Haltung gesetzlich vorgeschrieben – doch was ist mit uns Menschen? Wir sind uns selbst fremd geworden. Wir verstehen im Grunde uns und unsere Welt nicht mehr. Wir leben ein artfremdes, krankmachendes Leben, was uns niemand verbietet, da wir in der Postmoderne uns selbst – und nur uns selbst – zur letzten und höchsten Instanz erklären.

Jugendliche, die uns auf ihren Rädern entgegenkommen, grüßen uns freundlich. Als ich darauf hinweise, dass sie offenbar ihre Helme vergessen haben, dreht sich unser Beifahrer zu mir herum und sagt: »Mir sen dohanna auf m Land, do fährt mr no ohne Helm!« Wir rollen an einem kleinen Badesee vorbei. Durch die ruhige Beschaulichkeit unserer Reise und meine dadurch entstandene innere Ruhe bekomme ich Augen für vieles, was ich sonst wohl kaum wahrnehme. Bellamont heißt der nächste kleine Ort: ein atypischer, unschwäbischer Name. Italienisch?

Schöner Berg auf Deutsch? Ein Dorfbewohner schreit zu uns herüber: »Do tut mr doch winka, wenn mr in dr Kutscha hockt – so!« Mit einer huldvoll wirkenden Geste macht er uns vor, wie er sich den Gruß aus einer Kutsche vorstellt. Gibt es eine Psychologie oder Philosophie des Winkens? Gab es dafür einst Vorschriften? Das würde mich nicht wundern, wird bei uns doch alles mit altdeutscher Gründlichkeit geregelt. Wie also soll ich winken? Würdevoll mit der rechten Hand, die Innenfläche von demjenigen abgewandt, den ich grüße? Den rechten Arm in halber Höhe, leicht seitlich, mit ernsthafter Miene langsam von links nach rechts und von rechts nach links ziehen? Oder mit der linken Hand auf den Adressaten meines Grußes gleichsam zuwinken: vis-à-vis? Mit beiden Händen aufgeregt fröhlich wie ein Kind? Mit durchdringendem Blick und einer gemesseneren Handbewegung nach dem Motto: Seht ihr mich denn nicht? Eher langweilig oder gar gelangweilt mit leicht abwehrender Geste im Sinne einer lästigen Pflichtübung? Oder mit beiden Händen einladend freundlich in alle Richtungen grüßen? Wie dem auch sei – wahrscheinlich mache ich immer etwas falsch, ganz gleich, wie ich winke. Ich kann es nicht. Ich hab's nie gelernt. Ich bin kein Königskind, das in einer Kutsche herrschaftlich zu reisen gelernt hat.

Am Wegesrand stehen zwei junge Männer vor ihren Fahrzeugen – der eine vor einem Auto, der andere vor einem Lastkraftwagen – und unterhalten sich. Ich rufe ihnen zu: »Was isch, scho Feierabend?« Sie schmunzeln, und einer ruft zurück: »Bald!« Herr Ruß junior, unser Beifahrer, der den Wortwechsel gehört hat, erklärt mir daraufhin: »So

isch des no bei ons.« Spontan provoziere ich: »Ha, des isch ja bald wie früher in dr DDR!« Prompt hagelt es Protest: »Jetzt aber, so ebbes isch fei a Beleidigung, mir sen im Oberschwäbischa!« Ich lenke ein: »Stimmt! I nehm alles zrück.« Nun meldet sich der Kutscher selbst, Herr Ruß senior, zu Wort. Er erzählt, als Anfang der neunziger Jahre die ersten Leute von drüben hier in Oberschwaben gearbeitet hätten, seien sie immer erstaunt gewesen, dass bei uns tatsächlich durchgehend geschafft wird. »Ja, geht«, so hätten sie gefragt, »das Material bei euch nie aus?«

Ehrensberg ist offenbar ein kleines Pferdedorf und die Heimat alter, schrottreifer Oldtimer. Ich sehe vor allem zwei einstmals bekannte und beliebte Typen: Renault 4 und Porsche 924. Außerdem staune ich über die vielen Fotovoltaikanlagen auf den Hausdächern. Welch ein Wandel des Ortsbildes! Das müsste man im Zeitraffer einmal filmen. Ich bin sicher, man würde auch darüber hinaus vieles entdecken, wie der Flecken sich optisch verändert. Als ich das Thema Fotovoltaik in die Runde gebe, meint unser Kutscher selbstbewusst: »Des sen halt Cleverla! Einer fangt an, on alle machet's nach!«

Unser Landauer wird von zwei Pferden gezogen. Das eine ist noch jung, er wird erst eingelernt und eingearbeitet. Unser Beifahrer sagt, er müsse tun, was er befiehlt. Leider sei sein Vater manchmal inkonsequent. »Das Pferd als Zug- oder Arbeitstier muss folgen!« Deshalb wechseln Vater und Sohn die Plätze; ein Stück des Weges läuft Herr Ruß junior sogar neben dem jungen Pferd her und gibt ihm lautstark seine Befehle. Links und rechts des Weges steht Mais, die Pflanzen sind Anfang September bereits hoch aufgeschossen, höher noch als mannshoch. Mir ist, als ob wir durch eine Gasse fahren. In der Ferne stehen riesige Windräder. Mich fröstelt plötzlich, ein spürbar kühler Luftzug streicht durch den Wald, den wir nun durchqueren. Ich wundere mich, woher die Kühle so schnell kommen mag. Ein Eichhörnchen verschwindet auf einer hohen Tanne, wir haben es wohl aufgeschreckt aus dem späten Mittagsschlaf. Mitten im Wald vor einer Hütte halten wir nochmals – eine letzte Rast, wie ich vermute. Ochsenhausen, das Ziel unserer Reise, kann nicht mehr weit sein.

Tatsächlich: Als wir den Wald wieder verlassen, taucht über den Bäumen stadtnaher Obstwiesen bereits der

Turm der Klosterkirche auf. Das Bild ist mir inzwischen vertraut: ein Kirchturm, der gleichsam in der Luft hängt, als sei die Wirklichkeit eine Fotomontage. An der Straße entlang auf einem Wirtschaftsweg fahren wir Richtung Ochsenhausen. Ich genieße die letzten ein, zwei, drei Kilometer. Jetzt weiß ich, dass die Reise gleich zu Ende ist. Wir sind neben einer schönen Allee mit prächtigen Bäumen unterwegs. Ein kleines Kreuz am Straßenrand fällt mir auf. Wie viele davon gibt es wohl im Ländle? Als uns ein Reiter entgegenkommt, erschrickt eines der Kutschpferde. Der Reiter muss ausweichen. Vorbei an einer nagelneuen Tennishalle, deren Anblick für eine Weile das malerische Landschaftsbild auffallend dominiert und offenbar nicht nur von mir als störend empfunden wird: »Für so Färz hen d Leut früher kei Zeit ghabt!« Vorbei am Fruchtkasten, wo andere Pferde vor Freude wild und

munter springen; entlang an einem herrschaftlichen Stall der ehemaligen Benediktinerabtei geht es unter den fröhlichen Klängen des Posthorns mitten hinein ins Herz der stattlichen alten Klosteranlage: zur Klosterkirche.

Wir sind am Ziel. Walter Ertl sagt ein paar Worte: »So, jetzt sem mr do. Des war onser Postkutschafahrt.« Mich stimmt es traurig. Eine Leere scheint in mir zu bleiben, als ob ich enttäuscht wäre. Ich will doch weiterfahren, will am liebsten noch ein paar Tage dranhängen und ganz Oberschwaben bereisen. Ich weiß natürlich, dass es nicht geht. Unsinn – solche Träumerei! Ich hole mein Handgepäck und meinen Rucksack aus dem Kofferraum und verabschiede mich von den Kutschern. Wir alle winken zum Abschied. Beide Kutschen fahren durch das Tor der Abtei und biegen um die Ecke. Ich sehe nochmals den kleinen, so putzig wirkenden Briefkasten hinten an der Postkutsche, höre die Räder nochmals knirschen auf dem losen Fahrbahnbelag – ein letztes Bild, mit dem ich in Gedanken weitergehe, in die Klosterkirche hinein. Der Mesner wartet schon auf uns. Er empfängt uns mit einem Glas Sekt oder Sekt Orange. Als wir nach einer längeren, aber sehr kurzweiligen, interessant gestalteten Führung die Kirche wieder verlassen, bläst jemand im Klosterhof ein Alphorn: ein beeindruckendes Hörerlebnis an historischer Stätte. Der Klang dieses urigen Instrumentes begleitet uns, als wir hinunter ins Städtchen marschieren – Klangfetzen zuletzt; einzelne Töne, die vollends überlagert werden von dem Bild, das mir vor Augen liegt: die spätsommerliche Schönheit einer oberschwäbischen Landschaft, in deren beschaulicher Mitte Ochsenhausen liegt. Sich einer Stadt zu Fuß langsam, geradezu umsichtig, von einer fast höheren Warte aus zu nähern, ist eine schöne Erfahrung. So kann ich mich Schritt für Schritt vertraut machen mit dem Ort, in dem wir heute übernachten. Auf halbem Weg sehe ich nochmals die Spuren unserer Postkutsche, als wir eine Straße überqueren, die auch ins Zentrum führt.

Im Hotel setze ich mich auf den Balkon meines Zimmers und genieße zeitungslesend die letzten Sonnenstrahlen. Ich höre einen Bach melodisch rauschen, der direkt am Haus, praktisch unter mir vorbeifließt. Solch gleichbleibendes und doch abwechslungsreiches Plätschern, Glucksen und Gurgeln des Wassers wirkt nicht nur beruhigend auf mich wie das Hufgetrappel der Pferde, sondern als ein ewig gleiches Spiel klingt es mir lebhaft fröhlich in den Ohren – des Raumes und der Zeit enthoben, einzig und allein sich selbst imitierend von Ewigkeit zu Ewigkeit. Ich schließe die Augen. Ich bin dankbar für diese erfüllten Tage. Das ist Urlaub! Das ist Glück! Für ein paar Minuten bin ich selig, bin ich im Frieden mit mir, mit meinem Gott und mit aller Welt. In Gedanken will ich Verse von Friedrich Schiller rezitieren – aus seinem Hymnus »An die Freude«. Doch nur sehr unvollkommen gelingt es mir: Freude, schöner Götterfunken, Tochter aus Elysium. Alle Menschen werden Brüder. Seid umschlungen, Millionen! Brüder – überm Sternenzelt muss ein lieber Vater wohnen.

Vor dem Abendessen mache ich noch einen kurzen Spaziergang im Städtchen. Wieder sehe ich die kleinen grün-

weißen Schilder, die Radfahrern den Weg weisen: von der Donau an den Bodensee. Offenbar habe ich dafür einen Blick. Und die Grundstücks- und Immobilienpreise machen mich neidisch. Ein Bauplatz auf dem Land kostet 36 500 Euro, eine städtische Jugendstilvilla 490 000 Euro: mit sage und schreibe 15 Zimmern, einer Wohnfläche von 300 Quadratmetern, auf einem Grundstück mit zwanzig Ar Größe. Warum lebe ich im Großraum Stuttgart? Soll ich umziehen im Alter? Ich verwerfe den Gedanken rasch wieder. Meine Frau würde mich nur auslachen: »Ochsenhausen – do darfst du na, aber ohne mi!« Während ich derart sinnierend weitergehe, fallen mir ein paar schöne alte Gebäude auf. Auch ein recht großes Seniorenheim. Es erinnert mich an die zunehmende Überalterung unserer Gesellschaft. Bin ich dort am Ende meiner Tage – betreutes Wohnen, Altenheim, Pflegeheim? Vorerst tröste ich mich mit dem Gedanken, dass ich hoffentlich zu den rüstigen Rentnern gehöre und noch viel, viel Zeit habe. Geb's Gott! Wer wünscht sich das nicht? Ich kehre um, laufe zurück Richtung Hotel, bevor ich allzu nachdenklich werde, was meinen Ruhestand und mein Alter anbelangt. Ich bin ein Mensch. Ich mache es wie andere auch. Ich verdränge, was mir ängstlich und unbequem erscheint.

Zurück im Quartier kann ich mir andere Sorgen machen – Sorgen gegenwärtiger und realistischer Natur. Freitags ist Saunatag nur für Frauen. Muss ich mich diskriminiert fühlen? Wann gibt es im Hotel den Saunatag für Männer? Wir speisen wieder fürstlich miteinander. Schön war sie, unsere Reise mit der Postkutsche! Ich spüre nicht nur bei mir, sondern in der Gruppe insgesamt eine Fröhlichkeit, eine

Lockerheit, eine Gelassenheit, die sicherlich mit unserer Reise zusammenhängen. Wir haben manches neu entdeckt. Nicht nur das Reisen und eine Kultur des Reisens; auch das Langsame, das uns Menschen gut tut – Körper, Seele und Geist. Wir sind entspannt am Ziel angelangt. Der Weg selbst hat einen Sinn gehabt. Er war viel mehr als nur ein Mittel zum Zweck. Nun lösen auch noch die geistigen Getränke unsere Zunge. Fröhlich wird geplaudert, und mancher Spruch wird zum Besten gegeben. Ein Beispiel gefällig? Nehmen wir einfach die Bierdeckel, die vor uns liegen! »Nach m Krieg hen d Amerikaner denkt, so ebbes sei a Keks, on hen neibissa.« Später, das Essen ist abgeräumt, packt Walter Ertl alte Dokumente aus und legt sie auf den Tisch, indes noch das eine oder andere Bier oder Viertele bestellt wird.

Ich lese in den »Extrapost-Tarifen« und schmunzle dabei. Eine Lampe beispielsweise muss »extra« bezahlt werden, und zwar nach Minuten. Jeweils volle Minuten werden verrechnet. Schon damals ging es also sehr bürokratisch zu. Zwischen Mensch und Tier bestand eine tiefe Beziehung, eine echte Gemeinschaft, eine verwachsene Einheit. »Mr gschirrt mitnander«, hieß es. Diese Wendung hat der Volksmund später auch auf die Zusammenarbeit der Menschen untereinander übertragen. »Mit dem isch gut gschirra.« Zur Zeit der Postkutsche hing viel am Verhältnis des Kutschers zu seinen Pferden. »Mr schwätzt mitnander.« Ein Postillion hatte eine große Verantwortung für die ihm anvertrauten Passagiere. Er muss sich auf seine Zugtiere verlassen, und umgekehrt müssen sie ihm gehorchen. Sie dürfen ihrem Kutscher vertrauen. Man meint

es gegenseitig gut. Traurig, wenn ein Pferd zum Metzger kam; es war das Ende einer oft langen Arbeits- und Lebensgemeinschaft. Nochmals zum Stichwort Bürokratie: Das ist nicht nur ein modernes Phänomen. Ich schätze, die Königlich Württembergische Post hat, im Verhältnis zu den damaligen Möglichkeiten und Notwendigkeiten, kaum weniger Papier produziert, als es heute der Fall wäre: Erlasse, Verfügungen, Bestimmungen, Bestallungen und Bestallungsbriefe. Sowohl die Rechte als auch die Pflichten der Postillione waren genau definiert.

Der Postbote war ein kleiner König – beliebt, verehrt oder zumindest respektiert, manchmal auch gefürchtet. Ängstlich, gar erschrocken durfte er nicht sein. Gefahren gab es genug unterwegs. »Wenn ebbes passiert«, erzählt Walter Ertl lebhaft, »na hält's dr eine aus – der, wo ebbes taugt; on um da andera isch net schad.« Und er ergänzt: »Hinta wegbleiba bei de Gäul!« Nun, das ist bekanntermaßen gefährlich. Sogar ich, der ich von der Materie wenig verstehe, weiß es. Wenn ein Pferd ausschlägt und dabei jemanden trifft, der hinter ihm steht oder arbeitet, kann diese Unaufmerksamkeit zu einer schweren, mitunter lebensbedrohlichen Verletzung führen. Daher jener alte, wohl bitteren Erfahrungen geschuldete Grundsatz. Spontan greift jemand den Gedanken auf und verbindet damit die Frage – inzwischen ist es bereits spät geworden, die Stimmung ist heiter und der Geist müde: »Wann wirst alt?« Als niemand antwortet in der Runde, gibt sich der Fragesteller die Antwort gleich selbst. »Ganz eifach – nie zu kalt trinka, nie zu heiß essa, bei de Gäul hinta on bei de Fraua vorna wegbleiba!« Mit solch lockeren Sprüchen geht der Abend zu Ende. Walter Ertl ist zufrieden. So soll es sein, meint er. Wir sollen die Reise nachklingen lassen, wie eine Glocke nachklingt. Ein schönes Bild, denke ich, wünsche allen eine gute Nacht und verabschiede mich auf mein Zimmer. Diese Tage werden bestimmt, da bin ich mir sicher, noch manches Mal in mir nachklingen …

Auf dem Heimweg

VIERTER TAG

»Eins, zwei, drei! Im Sauseschritt
Läuft die Zeit; wir laufen mit.«

Wilhelm Busch

Ein traurig grauer Himmel empfängt mich am nächsten Morgen, als wolle er mir damit sagen: Die Kutschfahrt ist vorbei. Ich öffne die Balkontüre und gehe zwei Schritte hinaus. Die Sonne versteckt sich hinter den Wolken. Sie traut sich wohl nicht mehr hervor. Seltsam. Ich beginne, an meinen Alltag daheim zu denken. Heute ist mein letzter Urlaubstag. Doch erst einmal genieße ich ein langes, ausgiebiges Frühstück. Die Reise mit der Postkutsche prägt zunächst auch die Themen unseres morgendlichen Gespräches bei Tisch. Wir unterhalten uns beispielsweise über den Sinn und Zweck der Scheuklappen. Sie sind nötig, damit das eine Pferd unabhängig vom anderen gut arbeiten kann im Geschirr; damit ein Kommando des Kutschers tatsächlich befolgt wird; damit die Peitsche für das jeweils andere Zugtier unsichtbar und so ein gleichmäßiger Lauf- und Arbeitsrhythmus erhalten bleibt. Wir sprechen über das Verhältnis von Vergangenheit und Zukunft. Weder eine schwärmerische Nostalgie noch der kühle Futurismus helfen weiter. Darüber sind wir uns schnell einig. Beides hat keine Zukunft. Der Blick allein nach vorne tut's nicht, genauso wenig nur der Blick zurück. Eines müssen wir modernen Menschen noch lernen: Ohne die Vergangenheit ist die Zukunft nicht zu haben. Wer weiß, wo er herkommt, weiß auch, wo er hinmuss und hinwill. Er findet seinen Weg und sein Ziel. Wer hingegen geschichtslos lebt, lebt lieb- und heimatlos. Des Weiteren sprechen wir über das gegenwärtige Lebensgefühl der Rentner, weil darüber gerade etwas in der Zeitung steht. Eine Studie belegt, was der durchschnittliche Jungsenior so macht, der frisch im Ruhestand ist und also Zeit hat: hauptsächlich Preisvergleiche. Er kauft immer mehr online am Computer ein – mithilfe des Internets, einem modernen Supermarkt. Den Einzelhändler vor Ort gibt es bald nur noch in der Erinnerung …

Um 9.30 Uhr ertönt kein Posthorn. Ich muss packen. Immerhin, so bin ich wenigstens abgelenkt. Danach reicht es mir noch zu einem kleinen Spaziergang, bevor ich mit Sack und Pack zum Bahnhof marschiere. Ich tröste mich über meinen Abschiedsschmerz mit dem Gedanken hinweg, dass früher auch nicht alle sich das königliche Reisen mit einer Postkutsche leisten konnten. Sie waren eben zu Fuß unterwegs: per pedes apostolorum; auf Schusters Rappen, wie der Volksmund sagt. Schwarze Schuhe wurden einst scherzhaft die Rappen, die Pferde des Schusters genannt, des einfachen Mannes sozusagen. Am Bahnhof ist ein Abschiedsbild unserer kleinen Reisegruppe vor der alten Schmalspurdampflok 99 716 Pflicht. Meine Mitrei-

senden werden mit einem Kleinbus zu ihren Autos nach Isny zurückgebracht, während ich stilgerecht mit dem Öchsle weiterfahre – so heißt die Bahn von Ochsenhausen nach Warthausen traditionell. Bislang kannte ich sie und ihre Dampfrösser nur aus Büchern und vom Hörensagen. Längst ist ein technisches Kulturdenkmal aus ihr geworden, ein Anziehungspunkt des oberschwäbischen Fremdenverkehrs. Die Strecke hat topografisch einiges zu bieten. Drei Flusstäler verbindet sie miteinander: Rottum, Dürnach und Riss. Jetzt darf ich das Öchsle einmal kennenlernen. Welch ein Glück für mich, der ich insgeheim Bahnfreund und Dampflokfan bin – welch ein Glück, dass dieser Museumszug genau heute fährt! Das passt perfekt zu meiner Reise mit der Kutsche. Beide Verkehrsmittel haben einander noch erlebt – live sozusagen. Die Fahrgäste sind aus ihren Fuhrwerken in die Bahn umgestiegen, und die Güter wurden zur Weiterfahrt gleichfalls in den Zug verfrachtet.

Langsam, aber geräuschvoll verlassen wir Ochsenhausen. Statt des Hufgetrappels der Pferde höre ich nun die Musik eines Stahlrosses. Ein Zischen, Pfeifen, Rauchen, Dampfen und Stampfen begleitet mich nun – ein unüberhörbar schrilles, dennoch wohltuendes Konzert verkehrstechnischer Töne. Als der Zug sich in die Kurve legt, sehe ich noch einmal die erhabene Kulisse des Klosters, das formschön über dem Städtchen thront. In dem alten Zweiachswagen spüre ich jeden Schienenstoß. Ich sitze auf einer harten Holzbank, deren Füße aber kunstvoll verziert sind. Alles ist aufwendige Handarbeit, denke ich, die heute unbezahlbar wäre. Ist der optische oder ästhetische Genuss eine Entschädigung für das nach heutigem Empfinden unbequeme Sitzen? Ich nehme an, es fiel einst gar nicht auf. Unsere moderne Massenware gab es noch nicht, und wir Menschen hatten andere Sorgen. Denn »die Mehrheit sitzt auf Holz«, wie Erich Kästner in seinem Eisenbahngleichnis formuliert. Doch der Fortschritt wurde fröhlich wahrgenommen – bestimmt nicht von allen, aber doch von einer großen Mehrheit, die sich dafür begeistern konnte. Mit der Dampflokomotive brach ein neues Zeitalter an: die technische Revolution als Grundlage der industriellen Revolution.

Wir fahren jetzt deutlich schneller als eine Postkutsche, ich schätze die Geschwindigkeit auf fast 30 Stundenki-

lometer. Im Eilzugtempo gleichsam rumpeln wir durch die teilweise noch immer recht unberührte Landschaft Oberschwabens. Erst als es leicht bergauf geht, vermindert sich unsere Geschwindigkeit. Zwei Jogger in einem supersportlichen Outfit kommen uns entgegen. Ein Kontrast – schon sprachlich! Ich finde nur solch neudeutsche Worte. Als wollte ich mir diesen Gegensatz intuitiv bestätigen, drehe ich mich um und schaue den beiden Sportlern nach, wobei mein Blick auf zwei Arbeiterwochenkarten aus den Jahren 1956 und 1960 fällt, die eingerahmt hinter mir beziehungsweise über mir oberhalb meines Sitzplatzes hängen: »Personenzug Reinstetten–Biberach, Montag–Samstag, 18 km – 6,60 DM.« Ich muss schmunzeln und werde im gleichen Moment nachdenklich. Das waren noch Zeiten! Eine Phrase, sage ich zu mir selbst. Aber in diesem Falle empfinde ich sie als angebracht und höchst trefflich. Damals gab es noch die echten kleinen Fahrkarten aus Pappe, die der Schaffner mit seiner Zwickzange gelocht und entwertet hat. Wir passieren besagtes Reinstetten ohne Halt.

Hinter dem Bahnhof beginnt wieder eine Steigung, die »Pferde« schnauben und stampfen. Am liebsten möchte ich ihnen dabei helfen, ihren langen Zug mit zehn Waggons bergauf zu ziehen. Ein gleichmäßiger Rauch legt sich über die Dächer unserer Wagenkette. Zwei junge Männer arbeiten auf der Lokomotive. Sie füllen den Führerstand fast aus und wirken für mein Empfinden zu groß dafür. Vor hundert Jahren waren die Menschen noch etwas kleiner im Durchschnitt. Aber die Fahrt bereitet ihnen sichtlich Freude. Neben dem Tender, der trichterförmigen

Kohlenkammer, liegen Sprudelflaschen – offenbar ihr Getränkevorrat für unterwegs. So lässt sich die rundherum angebrachte Ablage auch gebrauchen, die an sich dafür dient, einzelne herausfallende Brocken aufzufangen, damit sie nicht auf dem Gleis oder auf dem Gleiskörper landen. Dort draußen, auf dieser Ablage, ist es natürlich kühler als im Führerhaus – auch nicht so eng, was den Platz anbelangt. Der Lokführer trägt einen Pferdeschwanz, der Heizer ein auffallend rotes Halstuch.

Jetzt sehe ich ein Schild: »598 m Höhe.« Ist hier eine Wasserscheide? Oder der Scheitelpunkt der Strecke? Die Schaffnerin kommt, sie will meine Fahrkarte sehen: auch noch eine schöne alte im Vergleich zu den modernen der

Deutschen Bahn. Immer wieder schaue ich mich um in meinem Abteil. Ich bin alleine. Die Einrichtung ist einfach nur köstlich oder besser – schnuckelig. Ich sehe eine wunderbare Liebe zum Detail, spüre die Freude an einer Kultur des Reisens. Nicht nur das Ziel ist wichtig, sondern auch der Weg dorthin. Das Unterwegssein selbst hat einen Sinn, nicht nur ein möglichst rasches Ankommen. Ich lasse den Raum auf mich wirken. Ich fühle mich wohl in dieser fremden alten Welt. Ich entdecke in ihr den Charme einer Langsamkeit, die mir guttut. Wenn ich aus dem Fenster blicke, sehe ich in einer Kurve die Schlange der Waggons. Immer wieder blitzt es im Freien. Die Fotografen sind am Werke. Ein alter Dampfzug, der qualmend durch eine idyllische Landschaft zuckelt, eine Rauchfahne hinter sich herziehend, bietet manch schönes Motiv. Ich wundere mich über ein Schienenlager an der Strecke.

Dann hält der Zug fast. Der Schaffner springt ab und sichert einen Bahnübergang. Daraufhin beschleunigt der Lokführer den Zug mit weit hörbaren donnernden Schlägen, als wolle er allen zeigen, was in seiner Dampfmaschine steckt. Ein kleiner Junge steht auf der Plattform des ersten Wagens hinter der Lokomotive und schreit mehrfach lautstark »Hallo!« in Richtung Führerstand, bis die beiden Männer endlich reagieren und dem Kleinen winken. Die gewaltige Geräuschkulisse – ein ständiges Donnern und Pfeifen und Zischen – macht eine verbale Kommunikation auf dieser Plattform fast unmöglich. Wieder flitzt der junge Schaffner los – kurz vor Maselheim. Dieses Mal hält der Zug wirklich. Er mit dem blondierten

Schopf muss bei seinem Spurt einen kleinen Umweg in Kauf nehmen, Büsche und Sträucher versperren ihm den direkten Weg zum Bahnübergang. In Maselheim selbst machen wir Station – der erste Halt seit Ochsenhausen. Unser Zug kommt vor einem schönen Hintergrund zu stehen: eine lange Reihe von Tannen säumt die Strecke entlang des Bahnsteigs.

Der Heizer kniet am Gestänge seiner Schmalspurlokomotive, um es abzuschmieren, wobei er sich kurz mit dem Zugführer unterhält. Einige der Reisenden steigen in Maselheim aus. Alsbald ruft der Blondierte laut: »Einsteigen!« Er pfeift, und ruckelnd und zuckelnd setzt der Zug sich in Bewegung – sozusagen im Zeitlupentempo für unsere heutigen Begriffe von Geschwindigkeit. Wieder erklingt die Wiegenmelodie der alten Zweizylinderdampfmaschine: langsam, ganz langsam schneller werdend. Tschu, tschu – tschu, tschu – tschu, tschu. So singt die Lok ihr Lied. Wir rattern weiter durch die herrliche Landschaft Oberschwabens. An Sulmingen rollen wir gemütlich vorbei. Eine große, offenbar groß gewordene Ortschaft. Doch ich sehe nur eine kleine Haltestelle – einen Bahnsteig in Miniaturformat, als würde nur ein Schienenbus verkehren. Ich frage mich: Was wäre, wenn hier jemand aussteigen wollte? Würde der Zug halten? Müssten die Reisenden über den Waggon den Zug verlassen, der an dem kurzen Bahnsteig zum Halten käme?

Ich genieße den Blick aus dem Fenster, sehe ab und zu graue Rauchschwaden, die in der Ferne sich vollends verlieren. Die Sonne bricht durch die Wolken und taucht

das Wageninnere in ein freundliches Licht. Verschiedene Fußgänger, die an der Strecke unterwegs sind, winken denen im Zug zu, die ihnen zuwinken. Kurz vor Äpfingen springt der Zugführer wieder ab, um einen unbeschrankten Bahnübergang zu sichern. Mir fällt das wunderbar erhaltene Stationsgebäude auf, das aussieht, als gehöre es in einen Modellbahnkatalog – so schön gerichtet und gepflegt ist es. Wir halten. Ich höre, wie der Heizer Kohlen schippt auf seiner Lok, höre das Kratzen der Schaufel im Tender. Ein Vater springt mit seinem kleinen Kind auf dem Arm keuchend den Zug entlang, um den Sprössling ins Führerhaus zu heben. »Kein Stress!«, sagt der Lokführer mit dem Zopf. Ich muss schmunzeln. Stress – einer der häufig und gerne verwendeten Begriffe unserer Zeit; eine der Lieblingsvokabeln des Zeitgeistes, die doch im Angesicht dieser Bimmelbahn seltsam fremd, fast fehl am Platze wirkt. Stand damals nicht auf kleinen Schildern in den Waggons der berühmte Satz: »Das Blumenpflücken während der Fahrt ist verboten!« Als sollte ich eines Besseren belehrt werden, ertönt mitten in meine Gedanken hinein erst ein Pfiff und dann ein Schrei: »Abfahren!«

Ja, es geht weiter, und schnell hat uns auch die Weite der Landschaft wieder. Ein kleines, gelbes Postauto überholt den gemächlich vor sich hin dampfenden Zug. Nur die Farbe hat alle Zeiten überdauert und steht noch immer für das Postwesen. Die Fahrerin, ein – für unsere Altvorderen bestimmt unvorstellbar – weiblicher Nachfahre von Walter Ertls Vorfahren, trinkt gerade einen Schluck Wasser. Parallel zur Straße rattert und rumpelt das Zügle. Linker Hand sehe ich bereits die neue Bundesstraße 30. Bald er-

reichen wir Warthausen: die Endstation unserer Schmal-
spurstrecke. Wir nähern uns einem Straßenknäuel, rollen
unter einer modernen Brücke hindurch, über die der Au-
toverkehr mehrspurig lautstark hinwegdonnert. Hier begegnen sich die alte Zeit einer relativen Langsamkeit und
unsere neue, schnelllebige Zeit unübersehbar im Kontrast
ihrer jeweiligen Verkehrswege. Wir passieren ein Orts-
schild, das ich nicht lesen kann. Barabein? Schon zieht
eine Kapelle meine Aufmerksamkeit auf sich, die mitten
auf der grünen Wiese steht. Unweigerlich muss ich auf die
Uhr schauen, die in meinem Rucksack liegt.

Ich habe kein Zeitgefühl mehr. Eine Armbanduhr trage ich nicht; das Mobiltelefon, das mir auch die Zeit
anzeigt, schalte ich recht selten ein, sofern ich es überhaupt dabeihabe. Dem Glücklichen schlägt keine Stunde!
An dieses Sprichwort musste ich während dieser Reise
in eine längst vergangene Welt der Langsamkeit schon
öfters denken. Nun bin ich seit einer Stunde mit dem
Öchsle unterwegs. Die Wolken öffnen sich wieder, und
eine spätsommerliche Sonne lächelt freundlich über mir.
Herrlishöfen. Wir halten. Das gleiche Bild. Der Blondierte springt, damit unser Zug sicher die Straße kreuzen
kann. Wieder entdecke ich eine Kapelle am Wege, während das Zügle noch einmal Fahrt aufnimmt. Kurz vor
Warthausen – die beiden Gleise der Hauptstrecke von
Ulm nach Friedrichshafen sind bereits sichtbar – kommt
der letzte unbeschrankte Bahnübergang. Ich stehe nochmals auf, schaue hinaus, und erst jetzt fällt mir das kleine Schild auf, das unten am Rahmen des Fensters angebracht ist: »Nicht hinauslehnen!«

Ich erinnere mich an die Eisenbahnwaggons meiner Kindheit – sie hatten noch Fenster, die man öffnen und aus denen man hinausschauen, ja, sich hinauslehnen konnte. Eine bestimmte Baureihe dieser Waggons war nicht mehr braun oder grün angestrichen, sondern silbrig metallic gehalten und schimmerte und glänzte entsprechend im Tages- oder Sonnenlicht. Deshalb hießen jene Vierachser im Volksmund Silberlinge. Wie viele Zugkilometer bin ich als junger Mensch wohl gefahren – zeitweilig durch halb Deutschland? Wie oft habe ich dabei hinausgeschaut oder saß zumindest – vor allem in der warmen Jahreszeit – bei offenem Fenster im Abteil! So gern spürte ich den Fahrtwind. Auch im Intercity ließen sich die Fenster öffnen. Zwar nicht in den Großraumwagen, aber wenigstens in den Abteilwagen, weshalb ich mir immer dort einen Platz gesucht habe. Der Reisende hatte eine fast unmittelbare Berührung mit dem Wetter, der Natur und der ganzen Umgebung außerhalb des Zuges. Mein Vater allerdings hat manchmal erzählt, in seiner Kindheit hätte man die Fenster lieber geschlossen gehalten. Überall sei es rauchig und rußig gewesen unterwegs, ständig lag Kohlenstaub in der Luft. Die Loks hatten sich das Rauchen noch nicht abgewöhnt. Nach einer langen Reise sei das morgendlich frische weiße Hemd abends nicht mehr wirklich weiß und frisch gewesen.

Den echten, fahrplanmäßigen Dampfbetrieb kenne ich hauptsächlich aus der früheren DDR. Einmal fuhr ich im Schnellzug von Saalfeld nach Halle an der Saale. Für mich war das ein ganz besonderes Reiseerlebnis, das ich aus meiner schwäbischen Heimat nicht mehr kannte. Während dieser Fahrt hatte ich fast durchgehend das Fenster geöffnet, um mich, meist stehend, hinauszulehnen. Ich gebe zu, es muss ein seltsamer Anblick gewesen sein – ich im ersten Wagen hinter der Lokomotive, den Kopf im Freien, eine hässliche alte Skibrille auf der Nase wegen der Rauch- und Rußschwaden und einer oftmals doch hohen Geschwindigkeit. Gott sei Dank gibt es davon keine Bilder! Manch Mitreisender hat mich mit großen Augen angeschaut – irritiert, verwundert, befremdet – und sich bestimmt seinen Teil gedacht. »Der junge Westbürger tickt anscheinend nicht ganz richtig!« Umgekehrt, wäre das Gleiche in Württemberg passiert, hätte auch ein Schwabe gesagt: »Der isch scheint's net ganz bacha!«

Wie dem auch sei – jedenfalls vermisse ich in unseren modernen Hochgeschwindigkeitszügen ein Fenster, das sich öffnen lässt; ein gleichsam hautnahes Erleben des Wetters; ein Geruchserlebnis: den würzigen Duft der Heuernte oder den widerlichen Gestank eines güllegetränkten Feldes. Ich rase in einem atemberaubenden Tempo meinem Ziel entgegen, weitgehend im Tunnel, auf überirdisch hohen Brücken und im Einschnitt. Eine Landschaft ist kaum noch zu sehen, geschweige denn in ihrer jeweiligen Besonderheit zu erkennen. Das Reisen selbst hat seinen Reiz längst verloren. Die Fahrzeit ist Arbeitszeit, aber nicht mehr Freizeit, kulturelle oder kreative Zeit – eine Zeit, um etwas zu erleben. Fast jeder Reisende ist mit elektronischen Medien beschäftigt, kaum noch mit sich selbst, mit seinen Gedanken oder Gefühlen oder gar mit seinem Gegenüber. Die Telefonate, die ich zwangsläufig mithören muss, sind oft genug banal. »Du, Süßer, hallo! Ich

möchte dir nur sagen, ich komme fünf Minuten später. Wurde eben durchgegeben. Nä, musste nich so ne Hektik machen. Ja, trink dein Käffchen in Ruhe. Tschüss denn!« Ich als sparsamer Schwabe denke dabei jedes Mal, solche Nachrichten sind ihr Geld nicht wert.

Inzwischen rattert mein Schmalspurbähnle parallel zur Hauptstrecke. Wir haben Warthausen erreicht, werden immer langsamer. Der Lokführer lässt seinen Zug vollends ausrollen, bis wir im Bahnhof am Bahnsteig sind und mit einem leichten Ruck und sanft quietschenden Bremsen die Fahrt mit dem Öchsle zu Ende ist. Siebzig Minuten für neunzehn Kilometer, durchschnittliche Reisegeschwindigkeit also gut sechzehn Kilometer pro Stunde. Wie vermutet, war ich also deutlich schneller unterwegs als mit der Postkutsche. Mein Blick bleibt an dem gut erhaltenen Bahnhofsgebäude hängen. Ein überdimensionaler Knopf dreht sich auf dem Dach. Wo einst das Stationsschild hing, prangt nun ein deutlich größeres Schild mit der Aufschrift »Knopf & Knopf – Internationales Museum der Knöpfe«. Ich staune, während ein Arbeiter in orangefarbener Sicherheitsmontur mit einem Kantenschneider lautstark das Unkraut an einem Bauzaun der Hauptstrecke mäht. Eine moderne, maschinelle Tätigkeit, die ich als Stilbruch empfinde. In Gedanken sage ich zu ihm: »Du Krachmacher! Du sprengst hier förmlich den Rahmen. Du passt nicht hinein in die beschauliche Szenerie einer Dampfbahn alter Schule.«

Als ich aussteige, herrscht auf dem kleinen Bahnsteig ein geschäftiges Treiben. Rucksäcke und eine große Kühlbox werden durch die Fenster hinausgereicht. Fahrgäste, die auf dem Bahnsteig in kleinen Gruppen beieinanderstehen, tauschen offenbar Informationen bezüglich ihrer Weiterreise aus, was ich im Vorbeigehen mit einem Ohr höre. Aus dem vierachsigen Packwagen werden Fahrräder und Kinderwagen ausgeladen. Eine Reisegruppe in Sonntagskleidung, die selbst einem flüchtigen Betrachter auffällt, sortiert sich gerade. Ich hole schnell noch eine Kleinigkeit zu essen, als ein Intercity mit zwei großen Diesellokomotiven der Baureihe 218 durch den Bahnhof donnert. Über fünfundzwanzig Kilometer von Erbach bis Biberach verläuft die Strecke kerzengerade, wie mit einem Lineal gezogen. Ob des Dröhnens der Motoren frage ich mich in dem Moment, warum die Strecke Ulm–Friedrichshafen, die im Ländle traditionell genannte Südbahn, noch immer nicht elektrifiziert wird. Die Antwort gebe ich mir gleich selbst: wegen Stuttgart 21 – wegen dieses monumentalen Projektes, das für viele Jahre viele Gelder unseres Verkehrshaushaltes in Baden-Württemberg verschlingt, wodurch manch andere, mindestens genauso sinnvolle Bauvorhaben wohl lange, vielleicht sehr lange auf eine Realisierung warten müssen.

Unsere alte Dampflokomotive, die 99 716, hat längst abgekuppelt und den Zug verlassen, um ihre Vorräte zu ergänzen: Wasser und Kohle. Ich gehe hinüber zum Fernbahnsteig, damit ich meinen Anschluss nicht verpasse. Ein Wunder, denke ich, dass in Warthausen überhaupt noch ein Zug hält! Schnell geht es weiter. Jetzt lohnt ein Blick aus dem Fenster kaum mehr. Die Industriegebiete sehen in ganz Deutschland gleich aus, und die zwischen

Warthausen und Biberach sind nur noch durch ein Maisfeld getrennt. In Biberach empfängt mich ein auffallend schönes, stattliches Bahnhofsgebäude. Das Gleisfeld wurde offenbar völlig neu gestaltet, im Beton entdecke ich eine Jahreszahl: 2008. Gleis eins, das alte, ist entfernt und mit ihm der dazugehörige Bahnsteig. Zwischen Gleis drei und vier steht ein nagelneuer Bahnsteig mit Aufzug und allem anderen modernen Reisezubehör. Hoffentlich, so frage ich mich spontan, ist auch der Biberacher Zugbetrieb mit entsprechendem Leben erfüllt? Der aktuelle samstägliche Fahrplan sieht recht ausgedünnt aus. Wer berät mich kurz? Ich hätte gerne eine Auskunft, doch mir schwant Übles.

Tatsächlich: Am Samstagnachmittag ist keinerlei Personal da – in Biberach, einer großen Kreisstadt! Also bemühe ich die ausgehängten Fahrpläne. Aber es ist nicht leicht, ihnen meine gewünschte Zugverbindung zu entnehmen. Schließlich möchte ich über Aulendorf, Sigmaringen und Tübingen zurück nach Stuttgart. Freilich: Ein »Sprinter«, ein durchgehender Zug von Ulm, hält nur in Schussenried, und den Intercity bis Aulendorf darf ich mit meiner Fahrkarte nicht nutzen. Ich habe nur ein Baden-Württemberg-Ticket. Oh geliebte Deutsche Bahn AG! Ich muss wieder über Ulm zurück. Was soll's – solange überhaupt noch an verschiedene Verbindungen im ländlichen Raum zu denken ist! Wer weiß, wie sich der Nahverkehr in Oberschwaben gestaltet, wenn Stuttgart 21 in zehn bis fünfzehn Jahren endlich gebaut ist? Ich vermute, eher schlechter! Die überregionalen Züge werden den Regionalverkehr weiter zurückdrängen. Es lebe die gute alte

Bundesbahn oder die Reichsbahn in der früheren DDR, als der Bummelzug oder der Güterzug mit Personenbeförderung nicht allein aus wirtschaftlichen, sondern auch aus sozialen Gründen fuhr! Bevor ich wieder hinüberpilgere zu dem Bahnsteig, an dem mein Zug einläuft, schlendere ich durch das alte Stationsgebäude. Dort herrscht eine fast sonntägliche Ruhe, nur eine kleine Bäckerei finde ich. Die Verkäuferin räumt bereits auf und will ihren Laden gleich schließen. Doch es reicht mir noch, um eine Tasse Kaffee zu trinken. Ich bin ihr letzter Kunde. Jetzt macht sie Feierabend. Danach kehrt wohl endgültig die Sonntagsruhe ein in dieser altehrwürdigen Haltstation von dr schwäbscha Eisabahna.

Auf dem Bahnsteig treffe ich zwei Radler, Vater und Sohn, die über die Bahn schimpfen: über den nicht vorhandenen

Service. Ich muss an die Schwester der Bahnhofsmission denken, die ich auf der Hinfahrt in Aulendorf gesehen habe. Sie arbeitet für Kost und Logis, wie es früher hieß – und wie es bis heute in einer christlichen Schwestern- oder Bruderschaft praktiziert wird. Für Gottes Lohn eben. Im Namen und Auftrag Jesu. Als wir Warthausen passieren, hängt das Öchsle wieder am Zug, abfahrbereit nach Ochsenhausen. Wir rauschen vorbei, ich kehre zurück in die Normalität. Wer interessiert sich schon für eine alte Dampflokomotive? Ein paar Minuten später, mir erscheinen sie als Augenblicke, heißt es bereits: »Laupheim West.« Dunkle Wolken ziehen am Horizont auf, als wir weiterbrausen in Richtung Ulm. Ich weiß, ich spüre es förmlich: Die Zeit des Postillions liegt hinter mir – in doppeltem Sinne. Durch Büsche und Bäume hindurch grüßt bereits das Münster. Im Ulmer Hauptbahnhof ist wieder Lokwechsel. Dieses Mal steige ich aber nicht aus, um dabei zuzuschauen. Denn ich sitze ganz vorne, und es ist ein sogenannter Wendezug. Das heißt, die Lokomotive hängt hinten und schiebt ihre Waggons. Das erleichtert die rasche und pünktliche Abwicklung eines komplexen Zugbetriebes. In einem Ziel- oder Kopfbahnhof muss die Lokomotive nicht erst umgesetzt oder getauscht werden. Deshalb setzt die Bahn im Personenverkehr zunehmend Triebwagen ein – Schienenfahrzeuge mit eigener Antriebsmaschine, die sowohl vorne als auch hinten einen Führerstand haben.

Ich richte mich häuslich ein in meinem Doppelstockwagen. Über die Hälfte der Reisenden, schätze ich, sind Jugendliche und Fahrradtouristen. Der Interregio-Express ist gut besetzt. All die jungen Leute spielen fast ständig mit ihren elektronischen Geräten. Sie nehmen dabei schon eine bestimmte Körperhaltung ein. Ich telefoniere lediglich mit meinem Handy, und auch nur, wenn ich etwas Wichtiges zu sagen habe. Ich besitze ein normales Telefon mit normalen Tasten für normale Finger. Zu wischen gibt es nichts – von wegen Touchscreen! Kommissar Kluftinger fällt mir ein, von dem ich jetzt wieder etwas lese, als wir Ulm verlassen und meiner Heimat entgegeneilen. Er hat eben mit seiner Familie am Alatsee bei Füssen eine Leiche entdeckt. Nun wird es spannend. Ein gelegentlicher Gang auf die Toilette erinnert mich an meine Kindheit. Das Waschbecken dient dem Anschein nach seit Jahrzehnten treu und brav allen Reisenden. Und der Seifenhalter erst – wie einst im Mai! Auf dem stillen Örtchen hat sich nichts verändert, nur dass die Hinterlassenschaften eines Besuches nicht mehr direkt auf den Gleiskörper fallen. Ansonsten ist alles dreckig und ungepflegt wie eh und je, wie ich es kenne von meinen Zugfahrten zu Bundesbahnzeiten. Das Wasser läuft kaum, und kein Papier ist da, um sich die Hände abzutrocknen. Ist es so wichtig im Regionalverkehr? Der Service bleibt den modernen Hochgeschwindigkeitszügen vorbehalten. Sie sind das Aushängeschild der Bahn. Dort freilich häufen sich andere Pannen, wie die Medien fleißig berichten …

Mir gegenüber sitzt ein jüngeres Paar mit einem kleinen Kind. Sie ist im Raddress unterwegs, er trägt Alltagskleidung. Griesgrämig und gänzlich ungeschickt füttert er seinen meist schreienden Sohn, der Konrad heißt, was ich nicht überhören kann, weil der offenbar überforderte Va-

ter ihn ständig anspricht und um Mäßigung seines nicht eben salonfähigen Essverhaltens bittet. Erfolglos – am Ende sind beide über und über mit Karottenpüree bekleckert. Die Mutter sitzt völlig entspannt daneben, schlägt gelegentlich die Füße übereinander und bespricht sich mit ihrem Mann, als ob der schreiende Konrad, von dem auch andere Mitreisende zwangsläufig Notiz nehmen, sie überhaupt nichts anginge. Führen die beiden eine moderne Ehe? Haben sie miteinander diese Form der Arbeitsteilung vereinbart, von der wir Fahrgäste nun stumme Zeugen sind? Ist der Mann ein echt emanzipierter Vater, oder hat er diese Rolle, die ihm keinerlei Freude zu bereiten scheint, nur heute inne – vielleicht gar zur Strafe? Wenn ich es wäre, der ich im Zug vor aller Augen eine gute Miene zum bösen Schauspiel geben müsste! Mir wäre das unendlich peinlich. Ich bekäme Schweißausbrüche, einen hochroten Kopf, und würde mich in irgendein Eck verkrümeln. Schnell tröste ich mich mit der Tatsache, dass ich glücklicherweise nicht der Vater dieses kleinen Tyrannen bin. Aber *wenn* ich es wäre? Der Gedanke lässt mich nicht los. Ich würde seine Mutter herzlich bitten, ihn zu unterhalten und zu füttern, damit wir als Familie einen guten Eindruck machen. Im Gegenzug hätte ich mich bereit erklärt, die Mutter durch ein kurzweiliges Gespräch bei guter Laune zu halten. Ich würde einen Rollentausch vorschlagen …

Damit wende ich mich wieder anderen, ernsthaften Gedanken zu. Schließlich gibt es im Zug vieles zu sehen und zu beobachten. Fast alle Plätze in meiner Nähe sind besetzt. Es ist Samstag, ich erlebe den Radtourismus. Doch wir nähern uns bereits Stuttgart. Im Hauptbahnhof ist die Reise für mich gefühlsmäßig zu Ende. Aus dem Oberschwäbischen bin ich wieder zurück in meiner altwürttembergischen Heimat. Ich möchte rasch weiter, ich habe keine Augen und keinen Sinn mehr für das, was hier gerade geschieht und in ganz Deutschland Schlagzeilen macht. Ich strebe Richtung S-Bahn und denke doch insgeheim: Wie viele Jahre ist halb Stuttgart nun eine einzige Baustelle und der gesamte Zugbetrieb ein ziemliches Chaos? Wann wird dieser schöne neue Bahnhof fertig sein? Wird er überhaupt jemals fertig oder geht uns eines Tages schlicht und einfach das Geld aus? Während ich mich durch all die Menschen schiebe, die ankommen und abreisen, die einsteigen und aussteigen und umsteigen, fällt mir die Aussage von einem unserer Kutscher ein: »Der neue Minischterpräsident, der isch net ohne, i kann do nix saga!« I au net, denke ich – schweigend, wie ich gestern auch geschwiegen habe, als diese Äußerung fiel.

Passt die aktuelle Politik nicht zu einer Kutschfahrt? Vermutlich. In der S-Bahn steigen in der Stadtmitte zwei junge Mädchen ein und setzen sich auf die Bank mir gegenüber. Eine der beiden hält eine volle Plastiktüte mit Büchern in der Hand, deren Umrisse sich deutlich sichtbar abzeichnen. Sie legt sich die Tüte auf den Schoß, öffnet sie und schaut die Bücher durch. Zwei der Titel kommen mir bekannt vor, ich erkenne den jeweiligen Einband: beides Kluftinger-Romane, Krimis aus dem Allgäu. Ich spreche sie an. Sie freut sich darüber und erklärt mir mit sympathischen Worten, sie sei in Stuttgart gewesen, um Bücher zu kaufen. Ich bin fast sprachlos – völlig überrascht, dass

ein so junger Mensch, schätzungsweise fünfzehn oder sechzehn Jahre alt, nicht wegen Klamotten, Schminksachen oder eines neuen Smartphones einkaufen fährt, sondern wegen aktueller Literatur. Aber warum nicht? Ich fühle mich ertappt und schäme mich ein wenig, getreu der wunderbaren Geschichte »So a Menschle« von Gerhard Raff. Doch das Mädchen lächelt und erzählt mir, die beiden Allgäu-Krimis wolle sie ihrer Mutter zum Geburtstag schenken.

NACHWORT

»Mir war es wie ein ewiger
Sonntag im Gemüte.«

Joseph von Eichendorff

*A*uf diese Postillion-Tour von Isny nach Ochsenhausen bin ich durch einen Artikel in der Zeitung »Sonntag Aktuell« aufmerksam geworden. Das Tourismus-Büro in Isny bietet sie in Zusammenarbeit mit Walter Ertl mehrfach jährlich während des Sommerhalbjahres an. Meine Tour liegt bereits über fünf Jahre zurück und noch immer ist sie mir im Gedächtnis eindrücklich präsent. Das hängt damit zusammen, dass ich vier Tage lang mit einem Heft unterwegs war, in das ich fleißig alles hineinschrieb, was ich erlebt habe und was mir assoziativ dazu einfiel. Die Mitreisenden werden sich gewundert haben. Doch konnte ich trotzdem – oder gerade deshalb – alles intensiv wahrnehmen. Über ein Jahr im Voraus hatte ich mich zu der Tour angemeldet. Die Idee eines Reisetagebuches kam mir erst später in den Sinn. Ich hatte gehofft, damit all die vielen Eindrücke besser und leichter zu erinnern. Denn ich wusste, meine geplante Reise mit der Postkutsche wird eine ganz besondere Reise – einer normalen Urlaubsreise nicht vergleichbar. So kam es auch, sogar noch schöner als erwartet und erhofft. Ich fuhr erfüllt zurück

aus Oberschwaben, habe daheim gerne erzählt und meine Bilder gezeigt. Erlebnisse einer echten, lebendigen Reisekultur wirken nach. Mehr noch: Sie wirken nachhaltig. Sie wirken bis heute in meinen Alltag hinein.

Nach der Reise habe ich meine Stichworte und Assoziationen nach und nach ausformuliert. Das wiederum hat den Erinnerungswert dieser kleinen Auszeit nochmals verstärkt. Ein Manuskript lag also in der Schublade, und ich konnte darin lesen, wenn ich wollte. Drei Jahre später übergab ich es dem Silberburg-Verlag. Doch war ich nicht wirklich überzeugt, ob das allgemein interessant sein könnte, was ich unterwegs notiert hatte. Ein Freund, dem ich das Manuskript zu lesen gab, kam zu einem ähnlichen Urteil. Erst im Mai letzten Jahres trug ich einmal Auszüge daraus öffentlich vor – im Vortragssaal der Klinik Hohenfreudenstadt, von dem aus sich ein herrlicher Blick über Freudenstadt und den Schwarzwald bietet. Aufgrund einer positiven Resonanz nach dieser Lesung bat ich den Verlag ernsthaft um eine Veröffentlichung.

Nun hoffe ich, dass meine Leser etwas spüren von jener »Poesie des Reisens« (Hermann Hesse) und dabei selbst den Charme, das Glück und den Luxus der Langsamkeit entdecken, um »den alten Tyrannen, die Zeit« (Eric Malpass) gelegentlich zu vergessen. Deshalb wünsche ich allen, die mein Buch zur Hand nehmen und darin lesen, genügend Zeit und die nötige Muße.

Den Mitarbeitern des Silberburg-Verlags danke ich für ihre Mühe, aus meinem schlichten Manuskript ein ansprechendes Buch zu machen – namentlich Frau Werner, Frau Miehlich, Frau Kimpel und Herrn Klaus. Frau Kaiser von der Isny Marketing GmbH danke ich für die verschiedenen Bilder, die sie uns kostenlos für einen Abdruck zur Verfügung gestellt hat. Mein besonderer Dank gilt Walter Ertl, dem Initiator der Postillion-Touren. Er hat das Entstehen dieses Buches mit fachkundigem Interesse begleitet.

Manfred Mergel,
Aach und Deckenpfronn

PS: Wer sich ebenfalls mit der Postkutsche auf die Reise in die Vergangenheit begeben möchte, wendet sich am besten an Isny Marketing GmbH – Büro für Tourismus, Telefon (0 75 62) 9 75 63-0, Telefax (0 75 62) 9 75 63-14, E-Mail: info@isny-tourismus.de